Die drei monumentalen Bildtafeln der »Schlacht von San Romano«, die Paolo Uccello um 1450 schuf, gehören zu den ehrgeizigsten Kunstprojekten der Florentiner Frührenaissance. Die Bilder wurden schon früh wegen des einzigartigen Bildaufbaus und der gewagten Komposition bewundert, galt und gilt Uccello doch als unangefochtener Meister der Perspektive vor Leonardo da Vinci. Darüber hinaus läßt sich der Auftrag für den Zyklus direkt mit der Familie der Medici in Verbindung bringen. Die historische Schlacht von San Romano von 1432 markiert einen wichtigen Moment im Aufstieg der Medici zur Macht in Florenz, deshalb wählte Cosimo gerade dieses Thema als Sujet. Die Tafeln hingen als Bildfries in einem Raum des Familienpalastes, der auch Besuchern zugänglich war. Sie sind Teil eines Ausstattungsprogramms, mit dem die Medici versuchten, ihren Herrschaftsanspruch auch bildlich zu untermauern. Uccello gelingt mit seinem Zyklus das scheinbar Unmögliche, eine facettenreiche Synthese von künstlerischer Avantgarde und politischer Ikonographie zu schaffen, die auch heute noch den Betrachter zum Staunen bringt.

Volker Gebhardt, geboren 1962, Studium der Kunstgeschichte und Medizin in Bochum. Medizinische Promotion 1988. 1988 bis 1989 Forschungsaufenthalt am Warburg Institute der University of London. 1990 Promotion über Paolo Uccello. Anschließend tätig als Assistenzarzt. Veröffentlichungen zur Malerei des 15. Jahrhunderts. Seit 1991 Arbeit in einem Wissenschaftsverlag.

Paolo Uccello
Die Schlacht von San Romano

Ein Bilderzyklus zum Ruhme der Medici

Von Volker Gebhardt

Fischer Taschenbuch Verlag

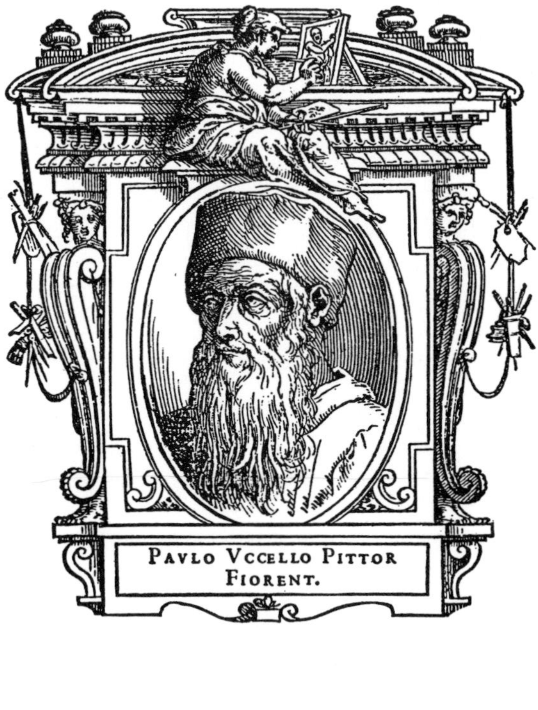

kunststück
Begründet von Klaus Herding
Herausgegeben von Michael Diers

Umschlagvorderseite: Paolo Uccello, Die Schlacht von San Romano (um 1450), Tempera auf Holz, 318 x 182 cm, London, National Gallery (Ausschnitt)

Frontispiz: Porträt des Paolo Uccello nach Giorgio Vasari, »Lebensbeschreibungen der exzellentesten Architekten, Maler und Bildhauer Italiens«, Holzschnitt, 1568.

Grafische Konzeption:
Max Bartholl und Christoph Krämer
Bildredaktion: Sabine Behrends
Originalausgabe
Veröffentlicht im Fischer Taschenbuch Verlag GmbH,
Frankfurt am Main, Mai 1995

Satz und Druck: Wagner GmbH, Nördlingen
Bindung: G. Lachenmaier, Reutlingen
Printed in Germany
ISBN 3-596-11888-3

Der Tag der Schlacht von San Romano

Der 1. Juni 1432 ist ein Sonntag. Schon seit Jahren befindet sich Florenz im Krieg gegen das mächtige Mailand, das von der Familie der Visconti beherrscht wird. Nach 1429 hat sich die Toskana zu dem neben der Poebene wichtigsten Nebenkriegsschauplatz entwickelt, Söldnertruppen beider Seiten, angeführt von den Condottieri, den jeweils für eine vertraglich festgelegte Dauer angemieteten Heerführern, ziehen brandschatzend durch die Gegend. Große Schlachten sind eher selten. Der Condottiere weiß, was er seiner Mannschaft schuldig ist. Zudem könnte er bald von der gegnerischen Seite angeheuert werden, ein Grund mehr, diese voreilig nicht allzusehr zu schwächen.

So trifft das etwa 2000 Mann starke florentinische Heer im Arnotal, etwa auf halber Strecke zwischen Pisa und Florenz, befehligt von den Condottieri Niccolò da Tolentino und Micheletto Attendoli, an diesem Sonntagmorgen auf sienesische Verbände, die an der Seite Mailands in den Krieg eingetreten waren und damit den schon jahrhundertealten Streit zwischen Florenz und Siena um die Vorherrschaft in der Toskana wiederaufleben lassen. Abgetrennt von den Hauptverbänden, wird die florentinische Vorhut in ein Scharmützel verwickelt. Der das Terrain inspizierende Niccolò greift mit zwanzig Mann beinahe überstürzt in den Kampf ein. Nahe des Turmes von San Romano *(Abb. 1)* zieht sich über Stunden ein von der Kavallerie militärisch bestimmtes Gefecht hin. Die Lage entwickelt sich für die Florentiner nicht gerade günstig, die Sienesen machen unter der Führung ihres Condottiere Bernardino della Carda bereits die ersten Gefangenen. Beinahe zufällig stoßen schließlich Hauptverbände der Florentiner Truppen hinzu. Aber erst nach-

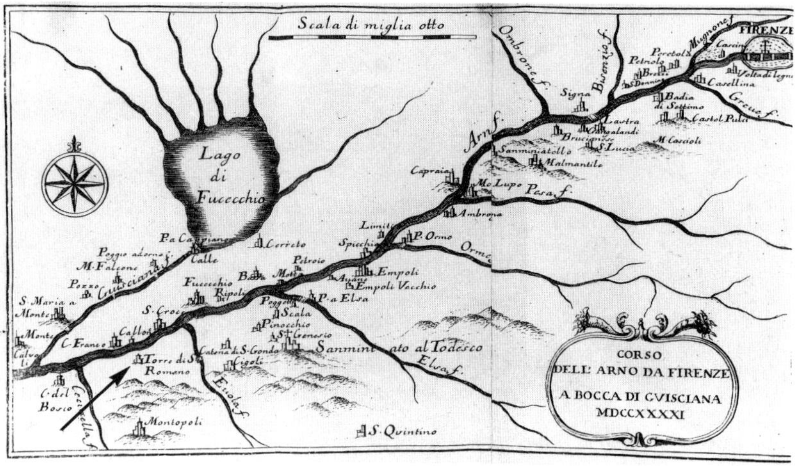

1 Karte aus *Giovanni Lami, Deliciae eruditorum seu veterum ... opusculorum collectanea, Bd. 11, 2. Teil, Florenz 1734. Das Arnotal westlich von Florenz – Ort der Schlacht von San Romano im Jahre 1432*

mittags gegen vier Uhr zeichnet sich der Florentiner Sieg ab, als weitere Truppenteile unter Micheletto Attendoli zur Unterstützung Niccolòs herbeieilen.

Dies berichtet der Florentiner Kommissar Luca di Maso degli Albizzi nach Florenz. Die florentinischen Geschichtsschreiber sind sich einig, daß die Arnostadt an diesem Tage einen wichtigen Sieg über ihren Erzfeind errungen habe. Nur in der Bewertung der Leistung Niccolòs und Michelettos ist man geteilter Meinung. War Niccolòs Entscheidung, den Kampf aufzunehmen von militärischer Weitsicht bestimmt? Wäre ohne Michelettos Eingreifen eine florentinische Niederlage eingetreten? Aber wo steckte Micheletto mit seinen Männern während der langen Stunden des heftigen Gefechts?

Für den Historiker sind die detaillierten Quellenvergleiche aller Beschreibungen ohne Frage von großem Interesse, geben sie doch Einblick in die innenpolitischen Koalitionen in Florenz und zugleich Aufschluß über jene Fraktionen in der Arnostadt, die Niccolò und Micheletto unterstützten.

2 *Paolo Uccello, Die Schlacht von San Romano (Ausschnitt), London, National Gallery. Die Standarte des Feldherrn Niccolò da Tolentino*

3 *Paolo Uccello, Die Schlacht von San Romano (Ausschnitt), Paris, Louvre. Die Standarte des Feldherrn Micheletto Attendoli aus dem Hause Sforza*

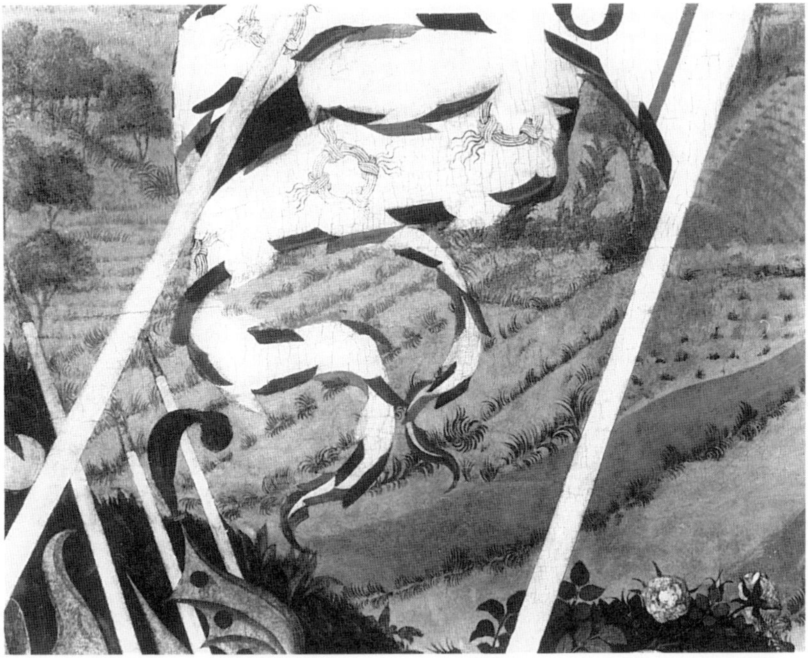

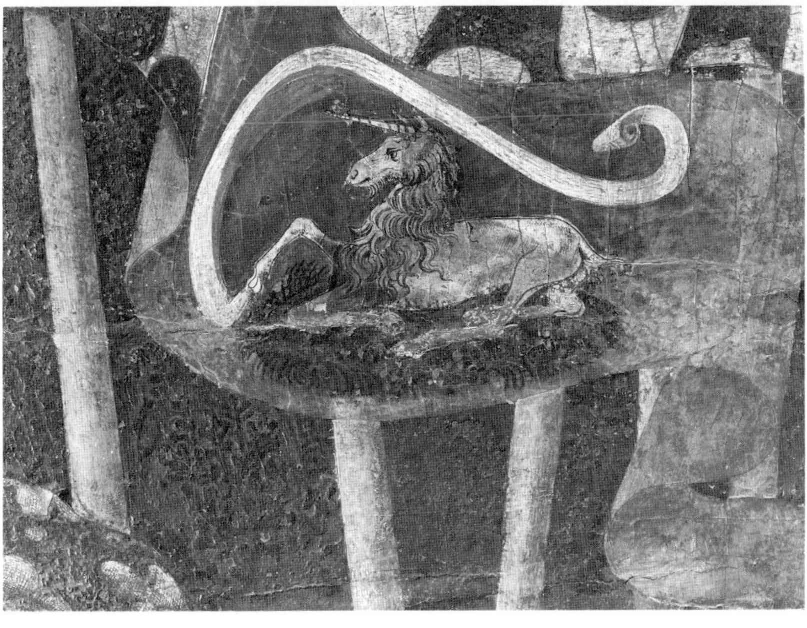

Der Maler Paolo Uccello erhält einige Jahre später den Auftrag, dieser Schlacht ein Denkmal zu setzen. In drei großformatigen Gemälden *(Falttafel)*, heute verteilt auf die Museen in London, Florenz und Paris, läßt er Szenen der Schlacht Revue passieren. Uccello berücksichtigt beide Feldherren gleichermaßen: Niccolò da Tolentino ist die beherrschende Figur der Tafel in London, Micheletto Attendoli dominiert das Bild im Pariser Louvre. Die Identifizierung ist möglich über die von Uccello wiedergegebenen Standarten: Die Fahne Niccolòs schmückt der Salomonische Knoten aus dem Wappen seiner Familie *(Abb. 2)*, diejenige Michelettos das schwarz-weiße Wellenmuster mit dem Einhorn, Zeichen seiner Zugehörigkeit zum Hause der Sforza *(Abb. 3)*. Niccolò reitet von links nach rechts auf die Florentiner Mitteltafel zu, Micheletto wendet sich von rechts nach links zum zentralen Bild des Zyklus, in dem sich mit der Entsattelung des zentralen Reiters die Wende der Schlacht zugunsten der Florentiner Truppen abzeichnet. Ob damit jedoch eine kommentierende, im heutigen Sinne reportagehafte Schilderung einer realen Schlacht wiedergegeben ist, bleibt fraglich. Uccello dürfte sich kaum als Kriegsberichterstatter mit künstlerischen Ambitionen verstanden haben.
Sehr viel aufschlußreicher ist es, nach den historischen Hintergründen für den Auftrag an Uccello zu suchen. Warum wählt man für den wichtigsten Schlachtenbildzyklus der Florentiner Frührenaissance das Gefecht von San Romano aus, ein Ereignis, das bereits Macchiavelli in seiner Geschichte der Stadt Florenz einige Jahrzehnte später nicht einmal mehr erwähnt?

Cosimo de' Medici – Der Auftraggeber Uccellos

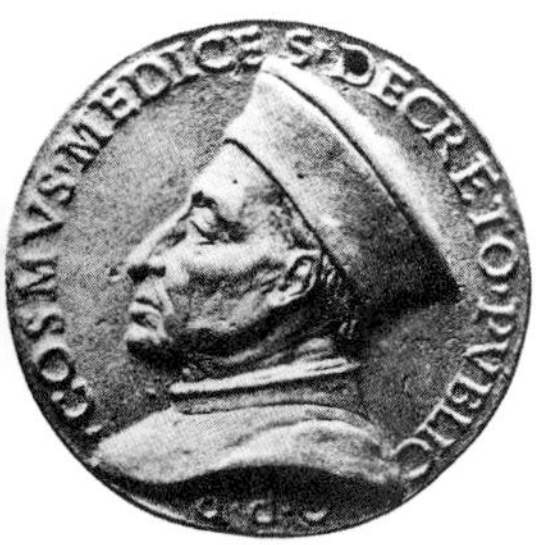

4 *Unbekannter Meister, Medaille Cosimo de' Medicis, nach 1464*

Genau 60 Jahre nach der Schlacht von San Romano wird nach dem Tod Lorenzo de' Medicis, des Enkels von Cosimo, 1492 ein Inventar des Palazzo Medici in Florenz erstellt. Dieses Bestandsverzeichnis listet detailliert alle beweglichen Gegenstände des in den 1450er Jahren erbauten Familiensitzes in der Via Larga (heute Via Cavour) auf und hat sich glücklicherweise erhalten. Danach befinden sich die drei Tafelbilder der Schlacht von San Romano zu diesem Zeitpunkt im Zimmer Lorenzos, im Erdgeschoß des Palastes.

Es liegt also nahe, den Auftraggeber für die Schlachtenbilder des bereits 1475 verstorbenen Malers Paolo Uccello im Familienkreis der Medici zu suchen. Ein genauerer Blick auf die innenpolitischen Verhältnisse im Florenz der 1430er Jahre lenkt sehr bald alle Aufmerksamkeit auf den ersten Vertreter der Medici von europäischem Rang, der die Bankiersfamilie innerhalb kurzer Zeit mit einigen geschickten innen- wie außenpolitischen Schachzügen zur beherrschenden wirtschaftlichen wie politischen Kraft in der Arnostadt werden läßt: Cosimo de' Medici (1389 bis 1464). Nach seinem Ableben titulieren ihn die Florentiner respektvoll oder auch nur mit politischem Kalkül »Pater Patriae«, Vater des Vaterlandes, und ehren ihn durch eine Reihe von Medaillen *(Abb. 4)*.

Der Vater Cosimos, Giovanni di Bicci, hatte bereits die Grundlagen für ein Bankenimperium gelegt, sich aber politisch eher im Hintergrund gehalten. Cosimo baut die finanziellen Verbindungen der Familie weiter aus. Die römische Kurie wird zum Hauptschuldner der Familie, aber auch andere italienische Fürsten und Staaten wie etwa Venedig sind den Medici über Darlehen verpflichtet. Doch Cosimos politische Ambitionen reichen weiter. Ihm geht es letztlich um die Alleinherrschaft seiner Familie in Florenz. Klug genug, die durch eine Mischung von oligarchischen und demokratischen Elementen charakterisierte Verfassung der Stadt nicht offiziell zu stürzen, baut er ein enges Beziehungsnetz von befreundeten Familien und Klienten auf. Es entsteht eine in allen sozialen Schichten verankerte Medicipartei. Cosimo versteht es sehr geschickt, die entscheidenden politischen Funktionen mit Anhängern zu besetzen, ohne daß er persönlich mit seiner Familie selbst allzusehr in Erscheinung tritt.

Cosimos politisches Verhalten zum Zeitpunkt der Schlacht von San Romano zeigt exemplarisch sein Kalkül. Zwar ist in diesen Jahren die Familie der Albizzi politisch führend, sie ist aber andererseits auch taktisch ungeschickt genug, ihre antidemokratischen Absichten einigermaßen unverblümt zur Schau zu stellen. Immer aber, wenn die Commune Geld, etwa für die Bezahlung der verschiedenen Condottieri und deren Söldnertruppen benötigt, führt kein Weg an dem wie stets bei solchen Anlässen offenen Geldsäckel der Medici vorbei. Zudem verfügt Cosimo über genügend aussenpolitischen Weitblick, um Fehlentscheidungen, wie den Krieg gegen Lucca (1429–1433), frühzeitig als solche zu erkennen.

Lucca war den Florentinern seit ihrer Eroberung Pisas im Jahr 1406 ein Dorn im Auge. Man hatte zwar jetzt einen Hafenplatz und war eifrig dabei, eine Seeflotte aufzustellen, um das Trio der italienischen Seemächte Genua-Neapel-Venedig zu einem Quartett zu erweitern. Das lucchesische Territorium lag jedoch störend zwischen Florenz und Pisa, und in Lucca war man gern bereit, aus dieser geographischen Mittellage Kapital zu schlagen. Die Lucchesen blockierten also, unterstützt von Mailand und Siena, wiederholt die Straßen nach Pisa. Florenz ließ sich auf einen bewaffneten Kampf mit der Nachbarstadt im We-

sten um so lieber ein, da Lucca stets das monopolistisch gehütete Wissen um die Seidenherstellung bewahren konnte. Der Hauptindustriezweig in Florenz, die Wolltuchherstellung, war hingegen im Rahmen der zunehmenden Europäisierung des Handels im späten 14. Jahrhundert ins Hintertreffen geraten und konnte sich nur noch mühsam gegen die Konkurrenz in England und den Niederlanden behaupten. Gründe genug also, der Stadt Lucca mit fadenscheinigen Argumenten den Krieg zu erklären, um der Nachbarstadt die florierende Seidenindustrie zu entreißen.
Das Unternehmen geht beinahe schief. Siena und Mailand unterstützen Lucca, die Kriegskosten für Florenz sind gewaltig. Die Medici leihen der Commune zwar Geld, gehören aber nicht zu den Befürwortern des Krieges. Erst spät, vor allem nachdem sich der erklärte Feind der Medici, Rinaldo degli Albizzi, der Führer der oligarchischen Partei, zunehmend beim finanziell besonders belasteten unteren Mittelstand unbeliebt gemacht hat, engagieren sich die Medici für die Interessen der Commune, selbstverständlich nicht ganz uneigennützig: Den wahrscheinlich eher mäßigen militärischen Erfolg der Schlacht von San Romano verbuchen die Medici unverblümt als einen großen Sieg für Florenz und damit für sich.
Zudem gilt Niccolò da Tolentino, der Feldherr auf der Londoner Tafel, in der Arnostadt erklärtermaßen als ein Parteigänger Cosimos. Sicherlich auf Betreiben Cosimos bekommt er in einer feierlichen Zeremonie vor der heutigen Loggia dei Lanzi im Juni 1433 eine Reihe von Geschenken als Dank für seine Feldherrentätigkeit überreicht. Der greise Kanzler aus alten republikanischen Tagen, Leonardo Bruni, hält die Festrede in diesem pro-mediceischen Staatsakt.
Die Loyalität Niccolòs zum Oberhaupt der Familie Medici geht aber noch viel weiter. Im September 1433, wenig mehr als ein Jahr nach der Schlacht von San Romano, setzen die Albizzi Co-

simo im Palazzo dei Priori, dem heutigen Palazzo Vecchio, fest. Geplant ist die Zerschlagung der Medici-Fraktion in Florenz, möglicherweise sogar die Ermordung Cosimos. Dieser unterrichtet neben den engsten Verwandten bezeichnenderweise nur noch Niccolò von seiner Verhaftung. Der Condottiere zieht dann auch umgehend mit seinen Truppen am Tag darauf vor die Tore der Stadt, was Cosimo möglicherweise das Leben gerettet hat. Drei Wochen später besticht Niccolò den »Gonfaloniere della Giustizia«, den höchsten Justizbeamten der Stadt, und ermöglicht Cosimo den sicheren Abzug in die Verbannung, die ihn über Padua nach Venedig führt. »Era molto mio amico« – »Er war mein sehr guter Freund«, so urteilt Cosimo in seinen Memoiren über den Gefährten dieser gefahrvollen Wochen. Und auch den Prozeßakten dieser Zeit ist zu entnehmen, daß die Parteinahme einiger Florentiner Bürger für Cosimo gleichgesetzt wird mit einem guten Verhältnis zu Niccolò, dem von den Albizzi Putschabsichten zugunsten der Medici unterstellt werden. Niccolòs Söhne bleiben den Medici auch nach dem Tod des Vaters, der diesen 1435 unter obskuren Umständen in mailändischer Gefangenschaft ereilt, treu ergeben.

Cosimos Exil dauert nur bis zum Oktober 1434. Am 5. Oktober kehrt er auf Beschluß der Stadtregierung im Triumph nach Florenz zurück. Die hervorragenden außenpolitischen finanziellen wie persönlichen Beziehungen der Medici zahlen sich nun aus. Darüber hinaus hatte Rinaldo degli Albizzi während des Exils seines Widersachers Cosimo den Fehler begangen, die Stärke der Medicipartei in Florenz zu unterschätzen. Nur so konnte es zu dem Beschluß der Signoria kommen, der Cosimos Rückkehr überhaupt erst möglich machte. Cosimo hat das Lehrgeld, welches er in diesen Monaten zahlen mußte, später geschickt investiert und die taktischen Fehler der Albizzi in der Folgezeit sorgsam vermieden. Die Verfassungsstrukturen läßt er unangetastet, erreicht aber durch Neuerungen in der Ämterauslosung und Streichungen in den Auswahllisten der möglichen Kandidaten für die zentralen Regierungsämter, daß stets eine ausreichende Mehrheit medicitreuer Patrizier die Politik der Stadt bestimmt. Den engeren Kreis der innenpolitischen Gegner, allen voran die Albizzi, läßt er in die Verbannung schicken. Spätestens mit der Schlacht von Anghiari im Jahr 1440 – wie die Schlacht von San Romano durch einen später erfolgten Bildauftrag (an Leonardo da Vinci) in der Kunstgeschichte berühmt –, welche die von den Medici geführten Florentiner für sich entscheiden, müssen die Albizzi endgültig ihren Herrschaftsanspruch begraben.

Ganz sicher handelt es sich bei dem Regierungssystem Cosimos noch nicht um eine absolutistische Alleinherrschaft im neuzeitlichen Sinne, wie sie dann sein Namensvetter Cosimo I. knapp ein Jahrhundert später als Großherzog der Toskana installiert. Die Zeit bis zum Tode des »Pater Patriae«, und erst recht danach unter dessen Sohn Piero di Cosimo (Regierungszeit: 1464–1469) und dem Enkel Lorenzo dem Prächtigen (Regierungszeit: 1469–1492), ist immer wieder von spannungsvollen Episoden gekennzeichnet. Versuche, das alte republikanische System wieder einzuführen, bleiben jedoch die Ausnahme. In diesem Zusammenhang bilden sich Koalitionen von traditionsreichen Florentiner Familien wie den Pazzi oder Strozzi, die den Medici die Macht entreißen wollen. Berühmt geworden ist die sogenannte Pazzi-Verschwörung, bei der 1478 Lorenzos jüngerer Bruder Giuliano im Dom von Florenz ermordet wird. Lorenzo selbst entkommt dem Anschlag, weil er sich in die Sakristei der Kirche retten kann.

Das Regiment der Familie bleibt fragil, auf persönliche Bindungen und Fraktionsbildungen gestützt und von merkantilem Pragmatismus geprägt. Es stürzt denn auch folgerichtig unter der

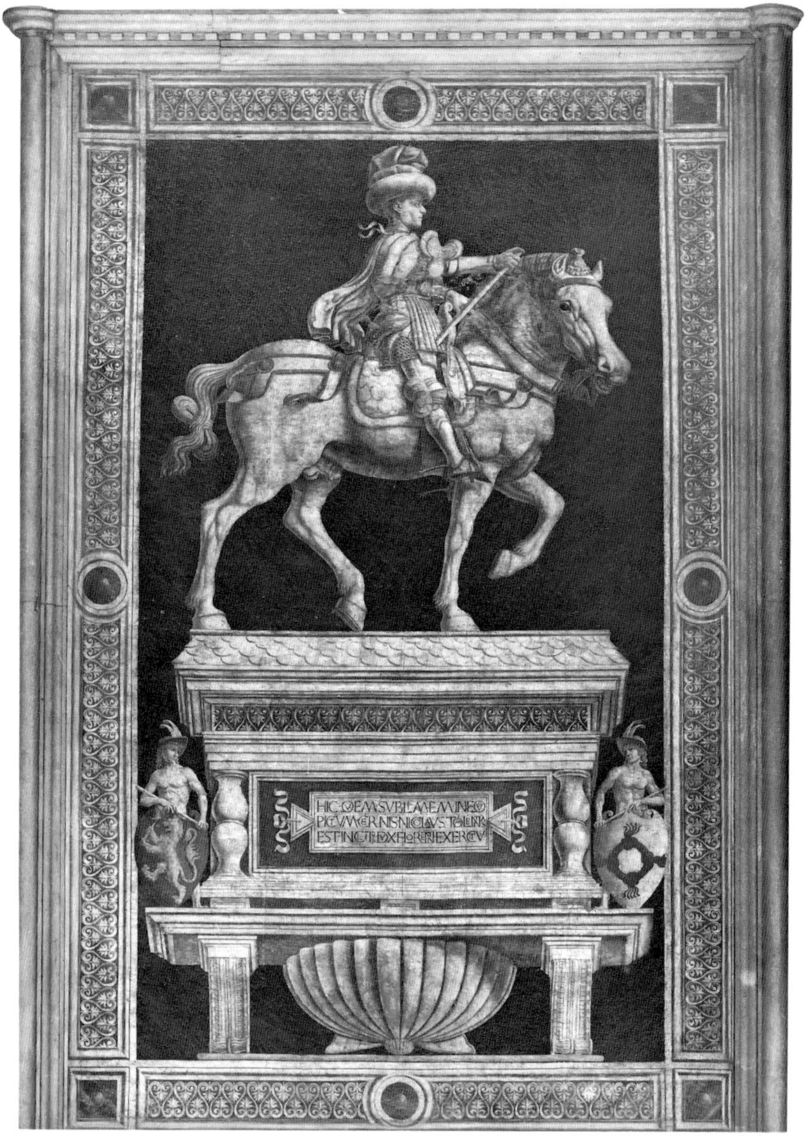

5 *Andrea del Castagno, Reiterbild des Niccolò da Tolentino (1456), Fresko, 833 x 512 cm, Florenz, Dom*

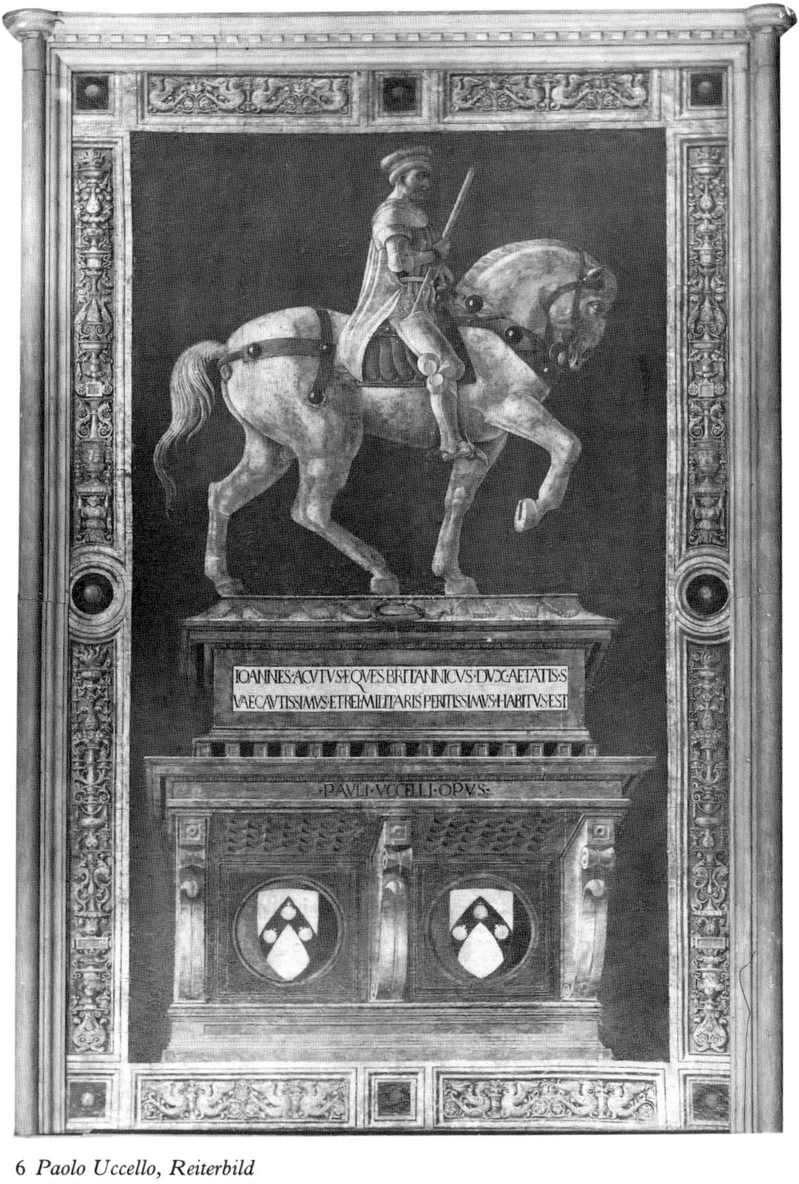

6 *Paolo Uccello, Reiterbild des John Hawkwood (1436), Fresko, 820 x 515 cm, Florenz, Dom*

Attacke des Bußpredigers Savonarola 1492 wie ein Kartenhaus zusammen.
Doch zurück in die dreißiger Jahre des Quattrocento. Niccolò da Tolentino erhält 1435 ein prächtiges Staatsbegräbnis, und der Vorstand des Florentiner Doms beschließt, den Condottiere mit einem Standbild zu ehren. Aber erst 1456 führt der Maler Andrea del Castagno den Auftrag modifiziert als Fresko aus *(Abb. 5)*. Die Komposition des Wandbildes ist angelehnt an das 1436 von Paolo Uccello gemalte Fresko des John Hawkwood, eines gleichfalls lange zuvor, 1396, verstorbenen Feldherrn der Republik *(Abb. 6)*.
Cosimo selbst aber setzt seinem Freund Niccolò bereits früher ein bleibendes Denkmal. Er beauftragt Paolo Uccello, das Ereignis der Schlacht von San Romano als einen Fries von großformatigen Tafelbildern auszuführen. Die Tafeln sind nicht nur Memorialbilder für einen pro-mediceischen Feldherrn, dem Cosimo vielleicht sein Leben am kritischsten Punkt seiner Karriere zu danken hat; vielmehr verherrlichen sie darüber hinaus ein Ereignis, das erstmals ein Eingreifen der Medici in die Geschichte der Republik Florenz nach außen deutlich gemacht hat. Dieser Auftrag muß aus stilistischen und bildtechnischen Gründen (siehe Anhang 2) zwischen 1435 und 1440 an den Maler ergangen sein. Die Bilder waren für den alten Familiensitz bestimmt, der sich an der Via Larga zwischen dem heutigen Palazzo Medici-Riccardi und dem Kloster von San Marco befand und heute durch mehrere Umbauten kaum noch als Gebäude des 15. Jahrhunderts ausgemacht werden kann. Erst nach dem Neubau des Palastes, eben dem genannten Palazzo Medici-Riccardi, durch Michelozzo – bezeichnenderweise ein Architekt, der Cosimo ins Exil nach Venedig begleitet hatte – wurden die Bilder, die erst in den 1450er Jahren von Uccello fertiggestellt worden sind, in dem Raum angebracht, in welchem sie das erwähnte Inventar von 1492 verzeichnet.

Konzeption und Komposition – Das Spiel mit dem Bildraum

Vergleicht man die historischen Überlieferungen der Schlacht von San Romano mit den drei Schlachtenbildern Uccellos, so wird bald deutlich, daß der Künstler sich nicht um eine detaillierte Illustration des Ereignisses im Sinne eines Historiengemäldes bemüht.
Uccello verlegt das Hauptgeschehen jeweils auf eine Bildbühne im Vordergrund. Damit erreicht er eine friesartige Komposition, welche die drei Tafeln miteinander verbindet, ohne jedoch zugleich eine Kontinuität der Bilderzählung anzustreben. Topographische Hinweise auf den historischen Ort der Schlacht fehlen, so daß einzig die Standarten der beiden florentinischen Condottieri Niccolò da Tolentino und Micheletto Attendoli es dem Kunsthistoriker Herbert P. Horne 1901 ermöglichten, das Sujet zu identifizieren. Auch lag es nicht im Interesse Uccellos, den Anteil der beiden von den Quellen so unterschiedlich beurteilten florentinischen Feldherrn am Verlauf der Schlacht zu bewerten.
Niccolò führt auf dem Londoner Bild *(Falttafel 1)* die Truppen, der gewohnten Leserichtung eines Bildes entsprechend, von links nach rechts. Mit einer überlegenen Geste des Feldherrnstabes in der rechten Hand ordnet er das Kampfgeschehen. Micheletto führt in einer komplizierten Drehbewegung seines Pferdes die Florentiner Truppen auf dem Pariser Gemälde *(Falttafel 3)*, jetzt entgegen der geläufigen Blickrichtung, nach links in den Kampf. Der Leserichtung folgend, ist die Bewegung der Truppen Niccolòs aktiver als die der Söldner Michelettos. Das Florentiner Bild *(Falttafel 2)*, künstlerisch am stärksten ambitioniert und wohl deshalb in der linken unteren Ecke auf einem Schild vom Künstler signiert, zeigt in der Entsattelung eines Reiters im Zentrum die

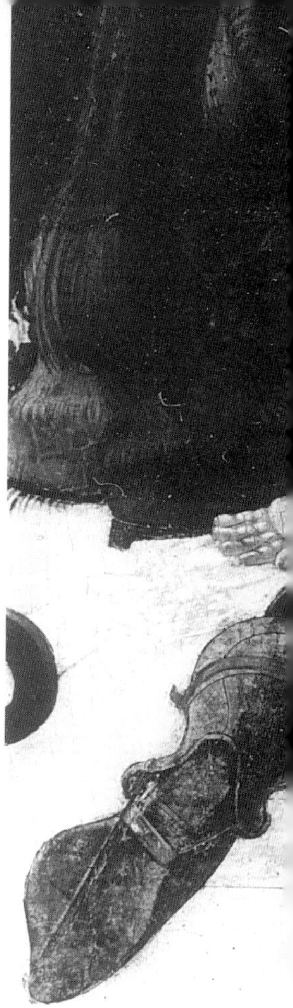

Wende der Schlacht zugunsten der Florentiner. Der Gegner bleibt anonym. Zwar hat es sich eingebürgert, diese Szene als »Entsattelung Bernardino della Cardas« zu bezeichnen, aber im Bild selbst gibt es nicht den geringsten Hinweis darauf, daß dieser sienesische Feldherr auch tatsächlich dargestellt ist.
Bei der Analyse der drei Tafeln fallen neben den gemeinsamen Kompositionsprinzipien deutlich die jeweils unterschiedlichen Konzeptionen auf. Dies trifft bereits auf die Gestaltung der Bildbühnen des Vordergrundes zu. Versucht der Maler auf den Tafeln in London und Florenz, einen einheitlichen Bildraum zu schaffen, indem er auf dem Boden Lanzen, Pferde und gefallene Kämpfer gemäß den Fluchtlinien der jeweiligen Perspektivkonstruktion auslegt *(Abb. 7)*, verwendet er in der Pariser Tafel zu eben diesem Zweck sorgfältig beschnittene Rasenstücke. Beide Prinzipien sind mit großer Kennerschaft durchgeführt und vom Künstler auch in anderen Werken erprobt worden, etwa in der »Sintflut« im Chiostro Verde von S. Maria Novella in Florenz *(Abb. 19)* oder beim »Heiligen Georg mit dem Drachen« *(Abb. 8)*. Das Grundgerüst der San Romano-Tafeln bildet jeweils eine zentralperspektivische Komposition mit einem zentralen Fluchtpunkt etwa auf Höhe der Bildmitte (oder leicht darunter). Bei der Londoner Tafel führt Uccello noch einen zweiten Fluchtpunkt am rechten Bildrand, aber auf gleicher Bildhöhe ein, dessen Funktion darin besteht, kompositionell auf die Mitteltafel überzuleiten: ein Indiz dafür, daß die Tafel der National Gallery in der Tat ursprünglich als das linke Bild des Frieses gedacht war.
Auf den Bildbühnen im Vordergrund arrangiert Uccello jeweils die kämpfenden Truppenteile. Im Vor- und Hintereinander der Pferdeleiber, der verschiedenfarbig kostümierten Beine der Infanteristen definiert sich Raum noch auf andere Weise. Der Betrachter muß sich in dem Gewirr

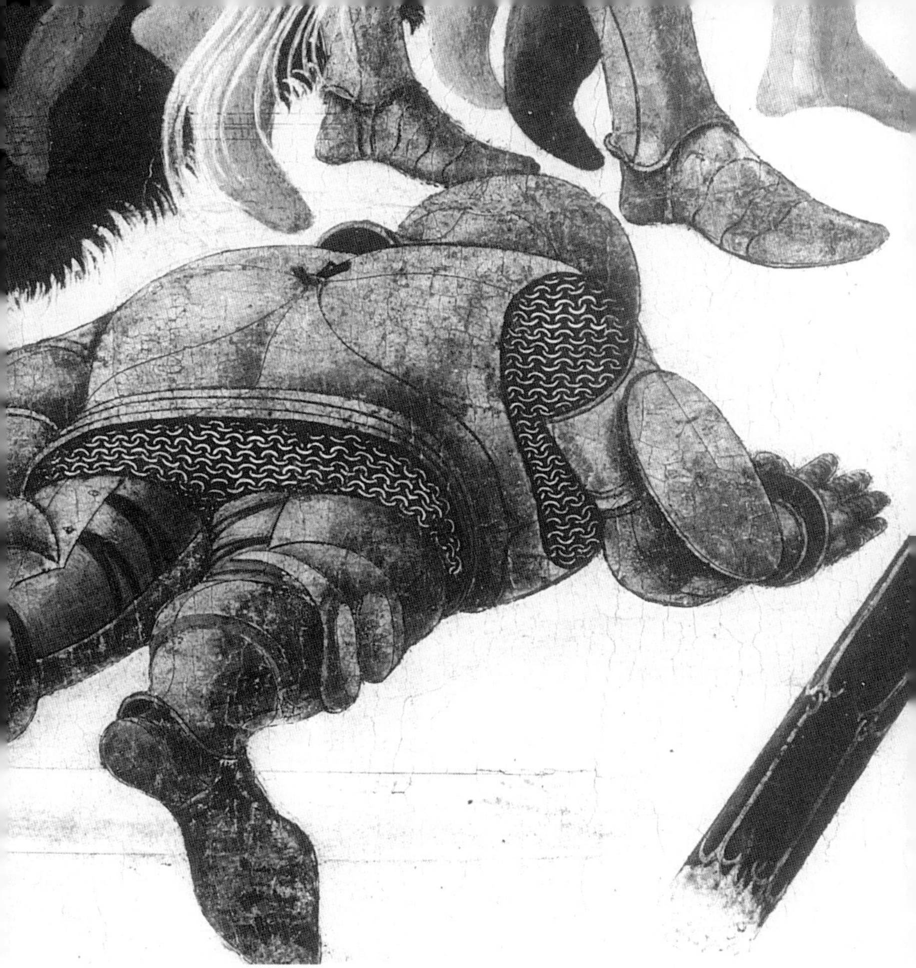

7 *Paolo Uccello, Die Schlacht von San Romano (Ausschnitt), London, National Gallery*

von Rüstungen, Lanzen, Menschen- und Pferdegliedern immer wieder neu orientieren, um die räumlichen Zuordnungen nachzuvollziehen. Die zur Lektüre der Bilder unbedingt notwendige intensive Seharbeit gehört sicher zu den aufregendsten Neuerungen, die Uccello dem Betrachter unterbreitet. Dieser kann sich gewissermaßen im »sehenden Sehen«, in der aktiven Aneignung der Bezüge sein individuelles Bild schaffen. Uccello hat ein variabel angelegtes Leseverhalten bewußt

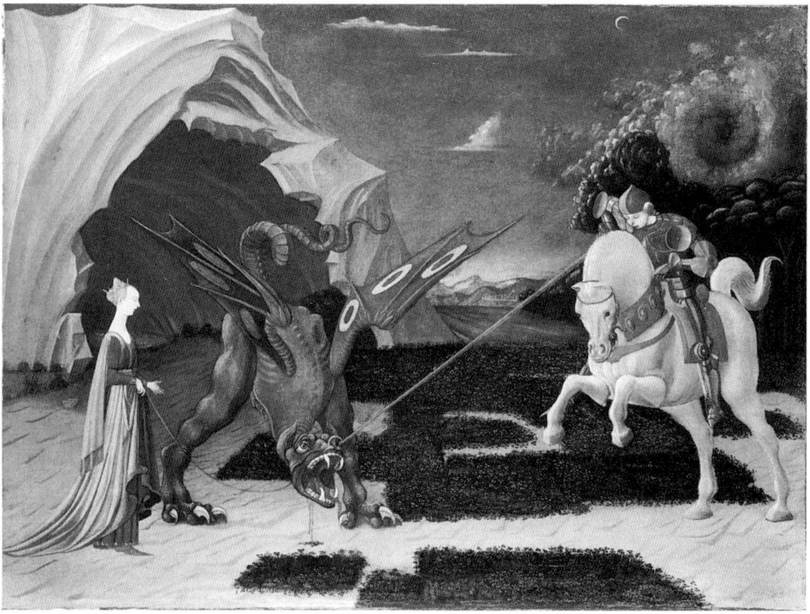

provoziert, indem er eine einfache Zentralperspektiv-Konstruktion mit außergewöhnlich kompliziert einander zugeordneten Figurengruppen belebt. Er fordert den Betrachter heraus, indem er ihn veranlaßt, immer neue Positionen einzunehmen und die Stellung der Figurengruppen und deren Bewegung und Beweglichkeit im Raum zu erproben: Hat man zunächst ratlos vor dem Wirrwarr von Figurenteilen und Bewegungslinien gestanden, wobei sich eine sinnfällige Bildordnung zunächst nicht einstellen will, erkennt man bald, daß diese Verwirrung bewußt inszeniert ist, um sich dann in eine geordnete, fast filmische Lektüre aufzulösen. Statische tableauartige Bilder und szenische Handlung sind komplex ineinander verschränkt, wobei selbstverständlich das Bildsujet »Schlacht« als solches die formalen Experimente Uccellos begünstigt und geradezu herausfordert. Eine vergleichbare Vielfältigkeit von

8 *Paolo Uccello, Hl. Georg mit dem Drachen (um 1455), Tempera auf Leinwand, 56,5 x 74 cm, London, National Gallery. Meisterwerk aus der Zeit der Londoner und Florentiner Tafel der Schlacht von San Romano. Dramaturgisch gewagte Zuspitzung der Georgslegende: Der Heilige verwundet den Drachen, die Prinzessin hält diesen aber bereits mit preziöser Geste an der Leine, um das Tier in die Stadt zu führen. Das Vorher und Nachher der Legende sind simultan dargestellt, dies ein beliebter Kunstgriff Uccellos*

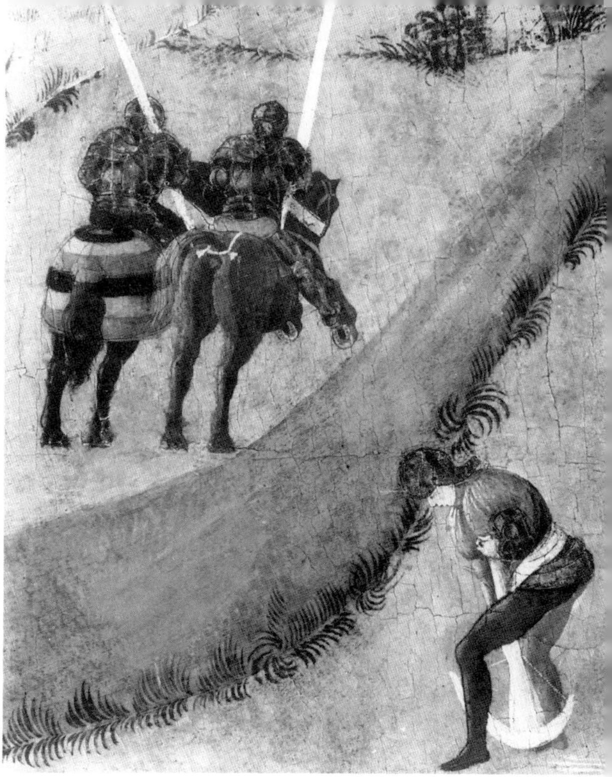

9 Paolo Uccello, Die Schlacht von San Romano (Ausschnitt), London, National Gallery. Die kleinen Figürchen im Hintergrund der Londoner und Florentiner Tafel verweisen bereits auf die Spätwerke Uccellos

Fläche-Raum-Beziehungen findet sich vorher allein bei Giotto oder Masaccio, später dann wohl nur noch bei Piero della Francesca.
An einer teils sichtbaren, teils wegen der im Vordergrund arrangierten Figuren verdeckten Faltlinie knickt die rückseitige Begrenzung der Bühnenböden nach oben um. Die Landschaftsprospekte der Londoner und Florentiner Tafel wirken wie Bühnenbilder, die die eigentliche Szene parallel zur Bildfläche nach hinten abschließen. Die artifizielle Räumlichkeit der Vordergründe kippt in die Flächigkeit der Bildhintergründe um. Kleine Soldatenfigürchen *(Abb. 9)*, Jagdszenen, fliehende Hasen (möglicherweise als Anspielung auf die »wie die Hasen« sprichwörtlich feigen Sienesen eingefügt) sind mehr übereinander als hinter-

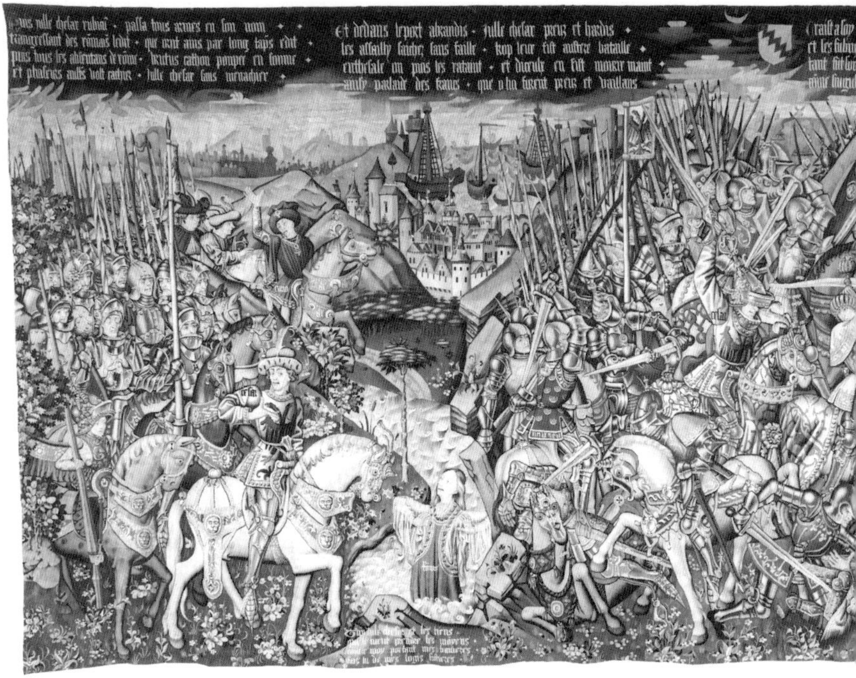

10 *Unbekannter Künstler, sogenannter Dritter Caesarteppich (Flandern, um 1465/70), Bern, Historisches Museum*

einander über die durch Hecken und Baumreihen parzellierten Flächen verstreut. Der Betrachter erkennt nur durch ein in einem produktiven Anschauungsprozeß geschärftes »wiedererkennendes Sehen«, daß bestimmte Dinge vor- bzw. hintereinander angeordnet sein müssen, indem er auf seine Realitätserfahrungen zurückgreifen muß. Das Verhältnis der jagenden Truppen zu den sie umgebenden Bäumen auf der Florentiner Tafel ist nicht empirisch zu fassen, sondern eher im Sinne einer mittelalterlichen Bedeutungsperspektive angelegt, bei der alles, was wichtig ist, groß, das Unwichtige aber klein wiedergegeben wird.

In der Tat kommen hier bei Uccello dekorative flächenwirksame Prinzipien der mittelalterlichen Wanddekoration zum Tragen, wie sie etwa die flandrischen Gobelinwirker in ihren Wandbehängen berücksichtigt haben. Ein Behang wie der

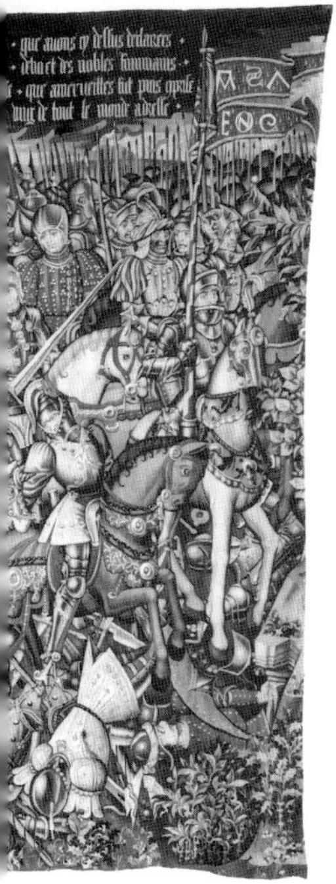

dritte Caesarteppich aus der sogenannten Burgunderbeute *(Abb. 10)* ist von Uccellos Bildern den Kompositionsprinzipien nach nicht weit entfernt. Hier dominiert allerdings die Flächigkeit auch in den Vordergründen, trotz aller Versuche, eine gewisse Tiefenräumlichkeit zu erzielen. Vorder-, Mittel- und Hintergrund sind verschliffen, nicht wie bei Uccello im Sinne von Raum- oder Flächenkompartimenten voneinander abgesetzt.

Wie in einem Vexierbild spielt Uccello die Gegensätze von Fläche (Hintergrund) und Raum (Vordergrund) aus und bindet – damit ganz in der Tradition Giottos stehend – räumliche Strukturen in die Bildfläche ein. Dieses Prinzip gibt Uccello zudem die Möglichkeit, für die Bilderzählung wichtige Details besonders zu akzentuieren. So wird etwa auf dem Londoner Gemälde die Geste des ausgestreckten Feldherrenstabes Niccolòs in einer Hügellinie im Hintergrund fortgeführt: eine eigentlich raumschaffende Handbewegung wird zugleich in die Bildfläche eingebunden und dabei durch die richtungsmäßige Verlängerung nach rechts in ihrer Wirkung noch verstärkt. Flächige Rüstungsteile wie auch die grellen Farbscheiben der Orangen verstärken diese Effekte *(Abb. 11)*.

Ähnlich wird der Kopf Niccolòs in der Fläche der die Bildbühne rückwärts abschließenden Hecke fixiert: Der Kontur der Hecke umrahmt den Hut Niccolòs und bindet ihn damit in die Flächigkeit des Bildhintergrundes ein. Das Brokatmuster des Hutes verstärkt den Flächeneffekt, indem es unverkürzt über die Falten und Ausstülpungen der Kopfbedeckung läuft *(Abb. 12)*. Ganz anders hingegen der Hut Michelettos auf der Pariser Tafel: Die Textur des Stoffmusters berücksichtigt meisterhaft die perspektivische Verkürzung der Kopfbedeckung im Bildraum.

Es drängt sich der Eindruck auf, daß ein Künstler wie Uccello, der die Technik der Perspektive wie kaum ein anderer Maler seiner Zeit beherrscht hat, an einer auf dieser Grundlage akademisch korrekt durchgeführten Bildkonstruktion nicht mehr interessiert ist. Ihn scheint vielmehr die »varietà« im Sinne der Kunsttheorie von Leon Battista Alberti, der Wechsel und die immer neue Kombination einzelner Kompositions- und Gestaltungsmuster, zu reizen.

Dies zeigt zum Beispiel der Vergleich der Bewegungsabläufe auf der Londoner mit denen der Pariser Tafel. Beide Bilder weisen, wie im übrigen auch das zentrale Florentiner Mittelbild, eine Dreiteilung auf. Im linken Drittel des Londoner Bildes bewegt sich eine tief in den Raum gestaffelte Reitergruppe mit Vehemenz nach rechts, im zentralen Drittel wird die Reiterfigur des Niccolò da Tolentino auch farblich durch das leuchtend weiße Pferd hervorgehoben. Bis hierher ist die Bewegung im Bildraum streng bildflächenparallel geführt. Im rechten Drittel sind zwei Kämpfer hingegen schräg in den Raum gestellt und brem-

12 *Paolo Uccello, Die Schlacht von San Romano (Ausschnitt), London, National Gallery*

11 *Paolo Uccello, Die Schlacht von San Romano (Ausschnitt), Infrarot-Aufnahme, London, National Gallery.*
Die Orangen sind als »mediceische Äpfel« ein Verweis auf die »palle«, die Kugeln im Wappen der Familie

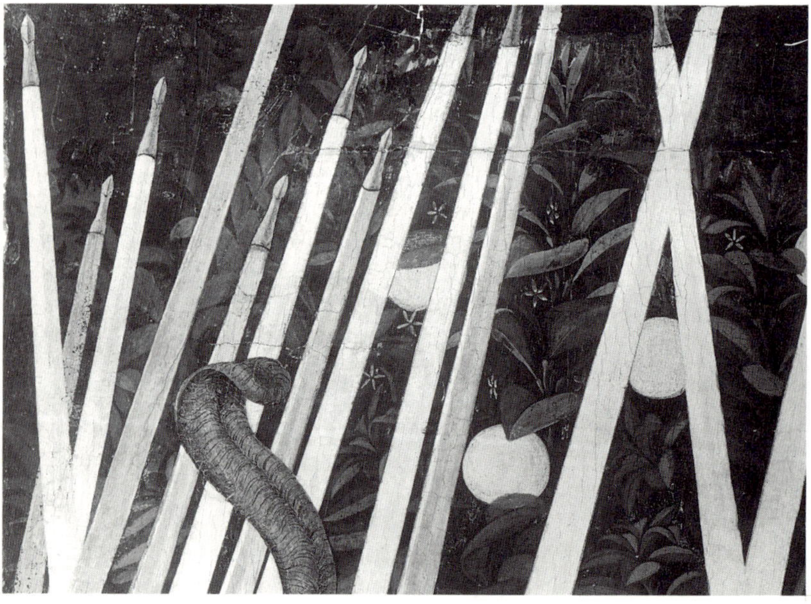

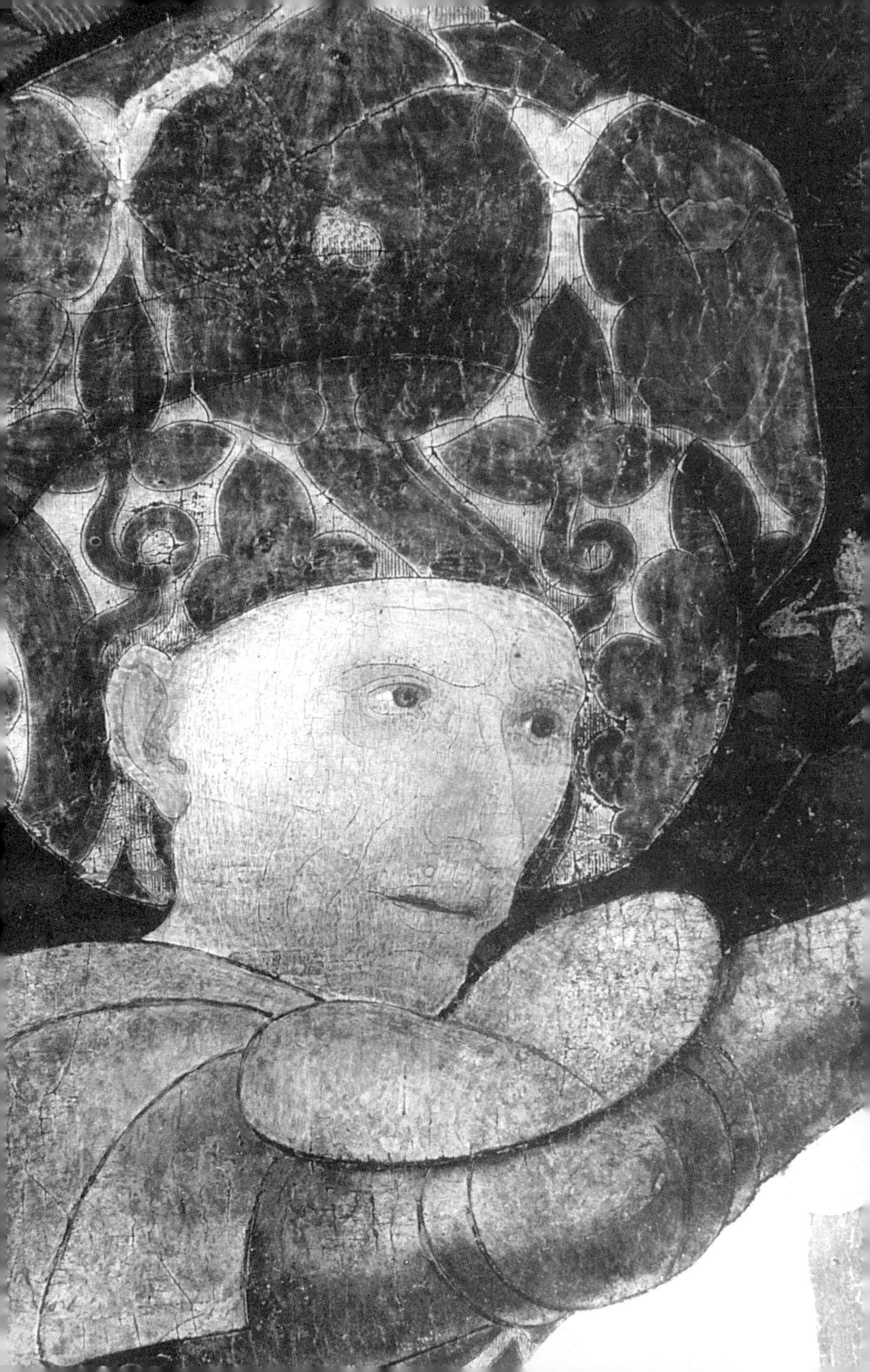

sen gewissermaßen die nach rechts gerichtete Bewegung ab.
Die Bewegungsabläufe auf der Pariser Tafel sind grundlegend anders organisiert: hier läuft die Aktion von rechts nach links. Im rechten Drittel führen zunächst zwei Reiter ihre Pferde parallel, schräg nach links ins Bild hinein; dazwischen sind fächerförmig Pferde über dem Armbrustschützen, der seine Waffe spannt, angeordnet. Der Kampf wird hier gewissermaßen vorbereitet, die Kräfte werden auch visuell einleuchtend gesammelt. Mit der schräg aus dem Bildraum hervorsprengenden Reiterfigur Michelettos setzt Uccello den Beginn einer stürmischen Bewegung nach links. Zwar wendet das Pferd noch den Kopf zurück, doch ist der Lauf der Reiter und Infanteristen zum linken Bildrand hin nicht mehr zu bremsen.
Die Zaumzeuge, Lanzen, Schilde und Beine der Pferde und Menschen akzentuieren die Bewegungsabläufe und bestimmen entscheidend die sich verlangsamenden wie beschleunigenden Rhythmen der Schlachtenbilder. Ähnlich bedeutsam für den Gesamteindruck ist der Gebrauch der Farben. Kennzeichnet die Londoner Tafel der rhythmische Wechsel von Hellblau, Rot und Weißtönen, so ist in Paris ein dunkles, beinahe aggressives Rot ganz beherrschend, das den eher dunklen Charakter des Bildes im Gegensatz zum freundlicheren Gesamteindruck des Londoner Gemäldes bestimmt.
Ob aber die deutlichen Unterschiede der Pariser Tafel gegenüber den beiden anderen Tafeln des Zyklus allein durch den Grundsatz der »varietà« zu erklären sind, ist fraglich. Denn hier verzichtet Uccello ganz auf eine Hintergrundlandschaft. Dafür wird die Bildbühne von einer dichten Hecke nach hinten abgeschlossen. Zwar ist der Boden mit perspektivisch verkürzt gezeichneten Rasenstücken ausgelegt, ein einheitlicher Fluchtpunkt aber ist nicht sicher auszumachen. Noch mehr er-

staunt der Wechsel im Maßstab der Figuren. Sie sind im Vergleich deutlich größer als das Personal der Bilder in London oder Florenz. Auch ohne näher auf stilkritische Aspekte einzugehen, wird an vielen Details wie etwa den Rüstungen oder den Helmaufsätzen deutlich, daß die Pariser Tafel den frühen Werken des Malers nahesteht, etwa den monumentalen Werkkomplexen im Florentiner Dom, den Fresken im Dom zu Prato oder dem erst vor einigen Jahren entdeckten Fresko der »Anbetung Christi« von S. Martino Maggiore in Bologna. Die sehr viel feiner angelegten Profilköpfe des Londoner und Florentiner Bildes *(Abb. 13)* zeigen hingegen mehr Verwandtschaft zu den subtilen Spätwerken, so etwa zur »Hostienpredella« in Urbino (Museo Nazionale) oder zur »Jagd« in Oxford *(Abb. 14)*.

In der Komposition der Florentiner Tafel schafft Uccello sein Meisterstück, eine der genialsten Bildschöpfungen der italienischen Frührenaissance. Die zentrale Entsattelung des Reiters auf dem leuchtend weißen Pferd steht stellvertretend für den Sieg der Florentiner. Uccello wendet hier einen Trick an: Tatsächlich wird der Reiter des weißen Pferdes von der Lanze getroffen, er sinkt bereits vom Pferd. Auf den ersten Blick aber scheint es, als ob der angsterfüllt nach links schauende Kämpfer hinter ihm verletzt würde. Die räumliche Position dieses Mannes, möglicherweise wegen des »mazocchio« ein Fußsoldat, bleibt unklar. Beide Figuren, der links Schauende sowie der Fallende, sind in der Bildfläche aufeinander projiziert. Der Maler stellt zwei einander direkt folgende Phasen der Niederlage, das Noch-sich-Wehren und das Schon-verwundet-Sein in einer Szene dar, in der zunächst unklar ist, welche Person in welcher Phase betroffen ist. Hier kündigen sich, wie auch in der Oxforder »Jagd«, wo Uccello die Bewegung eines Hundes, gleichsam in drei Momente ausdifferenziert *(Abb. 14)*, bereits Experimente der frühen kinematographischen

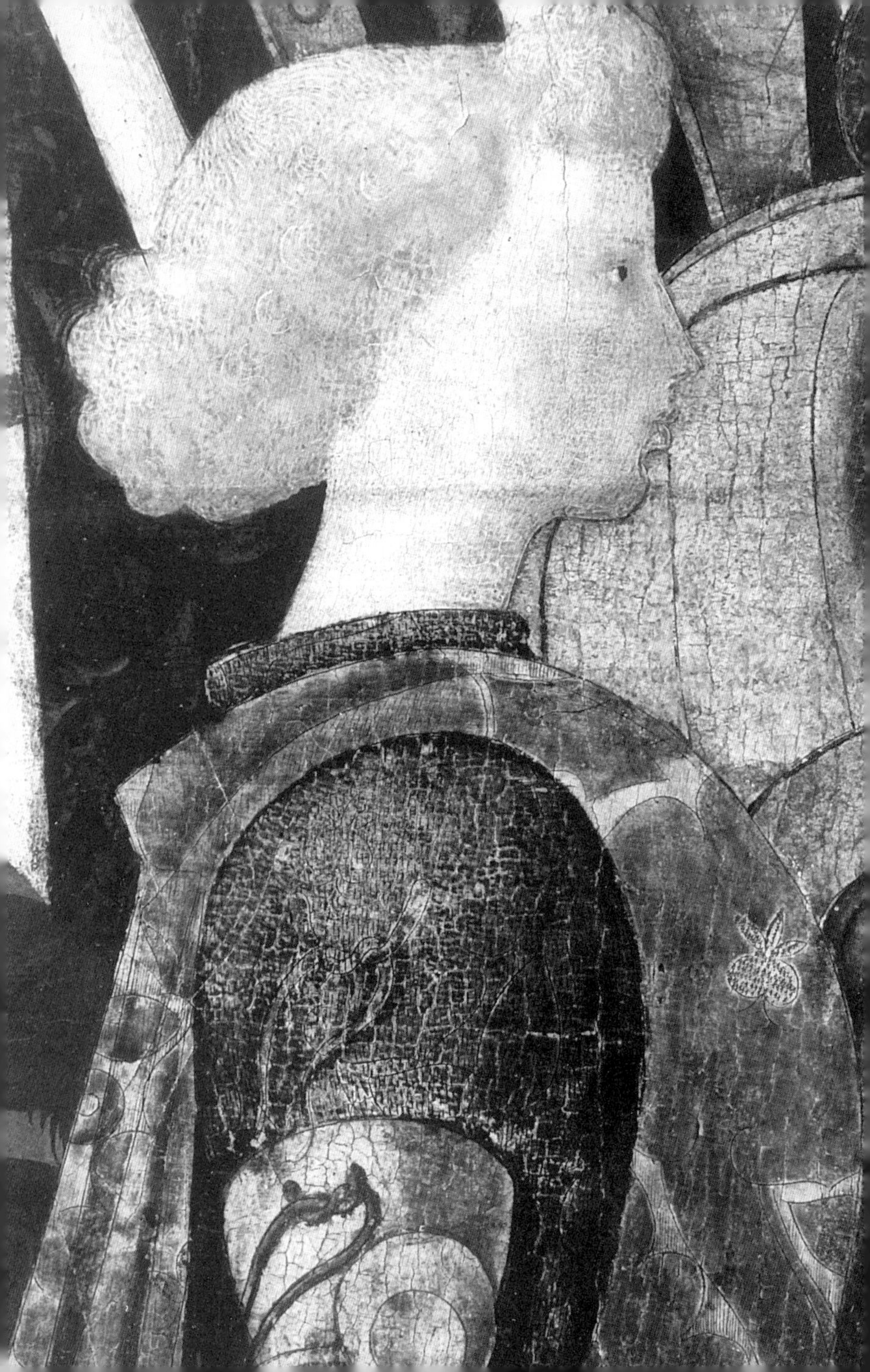

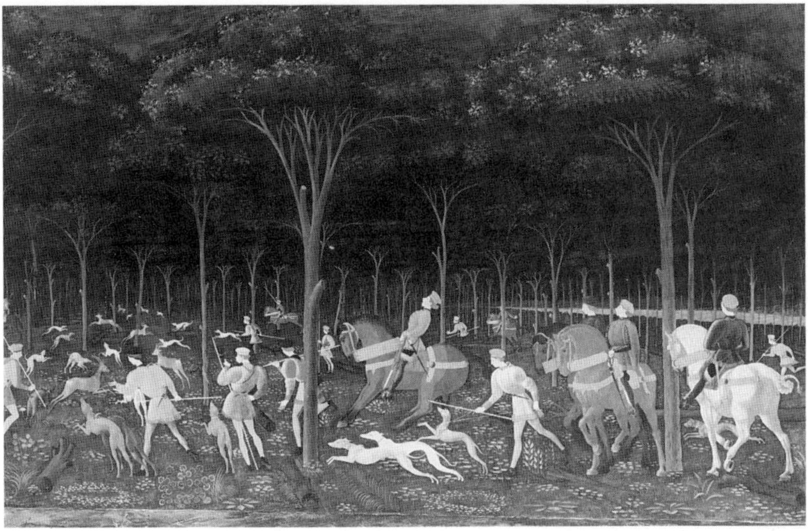

14 *Paolo Uccello, Jagd (um 1465/70), Tempera auf Holz, 65 x 165 cm (Ausschnitt), Oxford, Ashmolean Museum. In der Synthese von Perspektivbeherrschung, überlegener, bisweilen (selbst)ironischer Figurenzeichnung und atmosphärischer Charakterisierung der Waldlandschaft vielleicht das schönste Bild Uccellos*

13 *Paolo Uccello, Die Schlacht von San Romano (Ausschnitt), London, National Gallery. Der feine Profilkopf des Pagen, der hinter dem Feldherrn Niccolò da Tolentino reitet. In der Hand hält er ein Behältnis, in dem der Hut des Feldherrn verwahrt wird (vgl. Falttafel 1)*

Photographie oder malerische Bewegungsstudien an, wie sie Marcel Duchamp oder Carlo Carrà im frühen 20. Jahrhundert durchführen.

Die Betrachtung dieser Tafel führt noch zu weiteren überraschenden Beobachtungen: Zu Füßen des zentralen weißen Pferdes liegen zwei graue Pferde, wobei das rechte um neunzig Grad nach rechts gedreht scheint. Trotz dieser räumlich wirksamen Komponenten wirkt das Zentrum des Bildes als flächige Pyramide, deren obere Spitze im Kopf des weißen Pferdes liegt. Den von schräg vorn gesehenen weißen und orangefarbenen Pferden entsprechen farbsymmetrisch exakt das orangefarbene und weiße, nun aber von hinten gesehene Pferd rechts neben der zentralen Gruppe. Die Pferde links bewegen sich sozusagen virtuell schräg nach rechts vorn aus dem Bildraum heraus, dann aber nach einer Kreisbewegung im Betrachterraum schräg nach rechts wieder ins Bild hinein. Diese Drehbewegung wird durch die Figuren der grauen Pferde des Bildzentrums unterstützt. Der Betrachter vollzieht im Blick eine

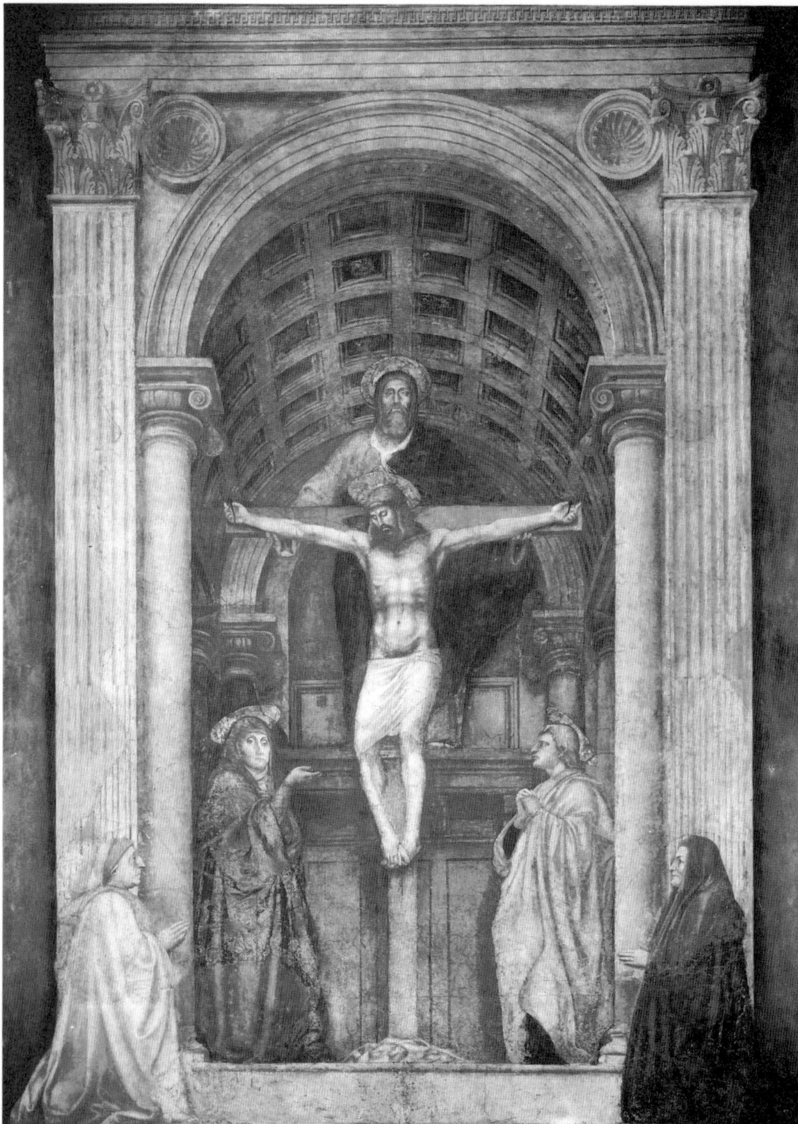

15 *Masaccio, Trinität mit Maria und Johannes sowie zwei Stiftern (um 1425), Fresko, 489 x 317 cm, Florenz, Santa Maria Novella. Ein Gründungswerk der Florentiner Renaissance: Zum ersten Mal gestaltet ein Künstler einen Innenraum, der streng nach den Prinzipien der mathematischen Zentralperspektive aufgebaut ist*

Bewegung nach, für welche die Komposition als Denkanstoß lediglich die Richtung suggeriert. Diese Einbeziehung des Betrachterstandpunktes ins Bildgeschehen ist zwar bereits der römischen Kunst geläufig gewesen, wie etwa der Mysterienfries in der pompeianischen Villa dei Misteri aus dem 1. Jahrhundert v. Chr. anschaulich machen kann; sie ist aber für die Frührenaissance eine ganz neue Erfindung und Erfahrung, und nur vom großen Innovator der florentinischen Malerei, Masaccio, einige Jahre vor Uccello thematisiert worden. In seinem Trinitätsfresko von S. Maria Novella in Florenz *(Abb. 15)* bezieht Masaccio in geschickter Weise über mehrere Stufen und die vermittelnden, knienden Stifterfiguren den Betrachter in die Darstellung ein. Er erreicht damit, daß sich der vor dem Fresko stehende Gläubige von dem Bild nicht distanzieren kann, sondern aktiv Stellung zum Kreuzigungsgeschehen beziehen muß. Diese Haltung der Kontemplation wird noch dadurch intensiviert, daß die Stellung des Kreuzes und die Position Gottvaters im Bildraum nicht eindeutig definiert sind, sondern je nach Fixierung des Blickes vor- und wieder zurückspringen.
Doch zurück zu Uccello. Für die Bilderzählung hat die »Karussellkomposition« der Florentiner Tafel weitreichende Konsequenzen. Ergibt sich beim ersten Blick auf das Bild wie bei den Tafeln in London und Paris eine unmittelbar einleuchtende Dreiteilung (links die angreifenden Florentiner, in der Mitte die Entsattelung, rechts die flüchtenden Sienesen), muß diese Sicht nun revidiert werden. Denn die Gruppe rechts zeigt ebenfalls Florentiner, allerdings in einer späteren Phase des Kampfes. In durchaus noch mittelalterlicher, an Giotto geschulter Weise, aber dennoch auch den mit moderner Malerei vertrauten heutigen Betrachter direkt ansprechend, präsentiert Uccello das Vorher, Eben-Jetzt und Nachher des Florentiner Sieges von San Romano in einer auf-

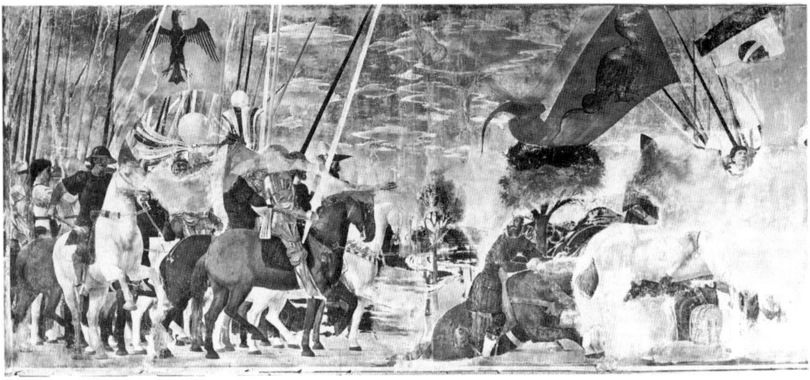

regenden Simultandarstellung. Es gehört zu den faszinierenden Merkwürdigkeiten der Florentiner Tafel, daß Uccello in dem vielleicht formal schwierigsten seiner Bilder mehr Gesichter und Gefühlsreaktionen individuell darstellt als irgendwo sonst in seinem Werk.

Krieg ist bei Uccello nicht lediglich Vorwand für künstlerische Ambitionen, vielmehr wird die Grausamkeit der Schlacht konkret anschaulich, etwa auf der Florentiner Tafel im entsetzlichen Detail links vom zentralen weißen Pferd, wo ein Mann, nachdem er in den Nacken gestochen wurde, nun schützend seine Hand auf die blutende Wunde legt. Piero della Francesca hat hier möglicherweise einige Anregungen für seine, frühestens zwischen 1455 und 1458, also nur etwas später entstandenen Schlachtenfresken in San Francesco in Arezzo erhalten. Ins Auge fallen die deutlichen Übereinstimmungen in kompositorischen Details auf seiner »Schlacht des Konstantin gegen Maxentius« *(Abb. 16)*, etwa in einigen Reiterfiguren, dem Trompeter ganz links, mehr noch im kalkulierten Hintereinander der Pferdebeine und -leiber, der dekorativen Helmzier und dem kompositorisch genau kalkulierten Einsatz des Waldes von Lanzen.

16 *Piero della Francesca, Schlacht des Konstantin gegen Maxentius an der Milvischen Brücke (zwischen 1455 und 1458), Fresko, 322 x 764 cm, Arezzo, San Francesco.*
Die Figur des Konstantin (kenntlich durch das Kreuz in der Hand) wahrscheinlich ein Porträt des letzten byzantinischen Kaisers Johannes VIII. Paläologus

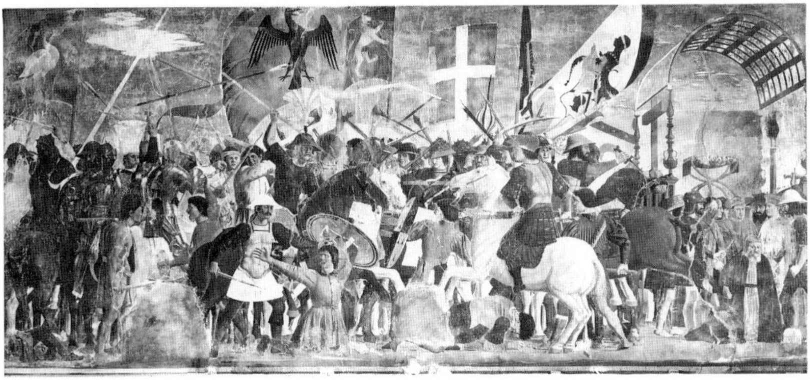

17 *Piero della Francesca, Schlacht des Heraclius gegen Chosroes (zwischen 1455 und 1458), Fresko, 329 x 747 cm, Arezzo, San Francesco*

Mit dem auf die gegenüberliegende Wand der Chorkapelle von S. Francesco gemalten Fresko der »Schlacht des Heraclius gegen Chosroes« *(Abb. 17)* geht Piero aber mit seinem in paradoxer Weise glutvoll verhaltenen Humanismus weit über Uccello hinaus. In der Darstellung grauenvoller Einzelheiten schafft der Künstler ein Kaleidoskop brutaler Kriegserfahrungen, und dies um so wirkungsvoller, da der Künstler die Gegensätze von Bewaffneten und Wehrlosen, Gerüsteten und beinahe Nackten, von blutigem Sieg und kreatürlicher Niederlage in eine endgültige künstlerische Fassung zwingt. Der Mensch ist bei Piero nur noch Opfer des Krieges, selbst die Täter mit ihren dumpfen, dennoch sorgfältig differenzierten Gesichtszügen. Die Szene rechts, wo ein Kämpfer dem anderen mit ausgestreckter Hand das Messer in die Kehle stößt, ist mehr eine rituelle, schicksalhafte Opferhandlung als ein Akt freien Willens.

Schlachtenbilder im Privatpalast – Ein Affront gegen die Republik

Cosimos Biographie und seine freundschaftliche Beziehung zu dem Feldherrn Niccolò da Tolentino wären Grund genug für den Auftrag an Paolo Uccello gewesen, und dieser fiele somit nicht weiter aus dem für das Quattrocento üblichen Rahmen.

Ganz außergewöhnlich ist jedoch die Entscheidung Cosimos, überhaupt ein Schlachtenthema zu wählen. Weil wir mit großer Wahrscheinlichkeit davon ausgehen müssen, daß die Tafeln der Schlacht von San Romano ursprünglich für den alten, heute nach vielen Umbauten zweckentfremdeten Familienpalast der Medici bestimmt waren, also für ein Privathaus, ist das Sujet der Bilder von besonderer Bedeutung. Schlachtendarstellungen sind als Wanddekoration von Innenräumen in der Toskana des Trecento nicht übermäßig häufig, aber auch keine Rarität. Das Besondere aber ist, daß solche Historienbilder zuvor in Florenz und der Toskana ausschließlich für öffentliche Gebäude in Auftrag gegeben wurden, überwiegend für die Kommunalpaläste der Städte. Dort sollten sie heroische, glanzvolle Ereignisse der Stadtgeschichte verherrlichen. Auch in Kirchen trifft man bisweilen auf Schlachtendarstellungen. Diese sind aber eher die Ausnahme und dann immer durch die alttestamentlichen Themen legitimiert, wie beispielsweise im Chor von S. Croce in Florenz oder als Bodenmosaik im Dom von Siena.

So gab es in Florenz in der Tat in den beiden wichtigsten kommunalen Großbauten Fresken mit historischen Kampfdarstellungen. Im Großen Ratssaal des Palazzo dei Priori (heute Palazzo Vecchio) befand sich ein Wandfresko, welches die Vertreibung der Weißen Guelfen (1303) zeigte, im Palazzo del Podestà (heute Bargello) erinnerte ein großformatiges Wandbild an die Schlacht von Campaldino (1289). Der Bargello schien im übrigen für politisch motivierte Fresken besonders geeignet zu sein, da er respektvoll als Symbol städtischer Gerichtsbarkeit und Staatsmacht betrachtet wurde. Der Tradition der sogenannten »pittura infamante« folgend bekam z. B. Andrea del Castagno den ehrenvollen Auftrag, nach der Schlacht von Anghiari 1440 die Bildnisse der Albizzi, den endgültig besiegten Rivalen der Medici, als Fresken an der Außenwand des Palazzo del Podestà auszuführen. Selbstverständlich haben sich Schlachtenbilder in profanen Gebäuden erhalten, dann allerdings in den Burgen und Schlössern des Feudaladels der Südalpen oder der Poebene, mit Pisanellos Freskenzyklus in Mantuas Herzogspalast als dem vielleicht berühmtesten Beispiel. Vermutlich hat Cosimo ein wenig nach diesen feudalen Vorbildern geschielt, um am Glanz und der Tradition der großen Adelsfamilien teilzuhaben.

Schlachtenbilder in einem Florentiner Familiensitz sind aber so singulär für das Quattrocento, daß der Hinweis auf das persönliche Interesse Cosimos für die spezielle Schlacht von San Romano als Erklärung nicht ausreicht. Konservative Florentiner müssen ein solches Mäzenatentum als durchaus anstößig empfunden haben, usurpiert Cosimo doch ein hochnobilitiertes Genre der Malerei und münzt er zugleich ein republikanisches Thema zum Ruhme der Medici um. Mit der Anbringung von Bildern, die ein nur wenige Jahre zurückliegendes Ereignis feiern, reklamieren die Medici für ihren Privatpalast eine bisher nicht gekannte Funktion von Öffentlichkeit. Indem er zur Nobilitierung des eigenen Geschlechts Bildthemen okkupiert, die zuvor den Kommunalgebäuden vorbehalten waren, weist Cosimo entschlossen darauf hin, daß der Palazzo Medici mittlerweile politische Funktionen übernommen hat, die vorher ausschließlich vom Palazzo dei Priori und

Palazzo del Podestà oder aber von den Plätzen und Straßen, dem Dom und anderen Kirchen der Arnometropole wahrgenommen worden waren. Die Bilder Uccellos unterstützen gewissermaßen eine Tendenz, den Privatpalast nun zunehmend als öffentlichen Raum zu definieren und auch zu nutzen.

Es ist deshalb nur konsequent, wenn in der Folgezeit der Medicipalast immer mehr in die offiziellen Besuchsprogramme für Staatsgäste eingebunden wird. Die republikanische Straßenachse Dom – Baptisterium – Palazzo dei Priori – Loggia dei Lanzi verliert an Bedeutung zugunsten der neuen, nördlich dazu angelegten mediceischen Achse Dom – San Lorenzo – Palazzo Medici – San Marco. Parallel hierzu geht die zunehmende Öffnung der Palastinnenräume nach außen. Diese Verwischung des Gegensatzes der privaten und öffentlichen Sphären ist schließlich die Voraussetzung dafür, daß Uccellos Bilder ihre politische

18 *Paolo Uccello, Die Schlacht von San Romano (Ausschnitt), London, National Gallery. Das Pferd des Feldherrn Niccolò da Tolentino. Die Schmuckrosette neben dem Maul weist auf die Kugeln im Wappen der Medici und damit den Feldherrn als Freund der Familie aus*

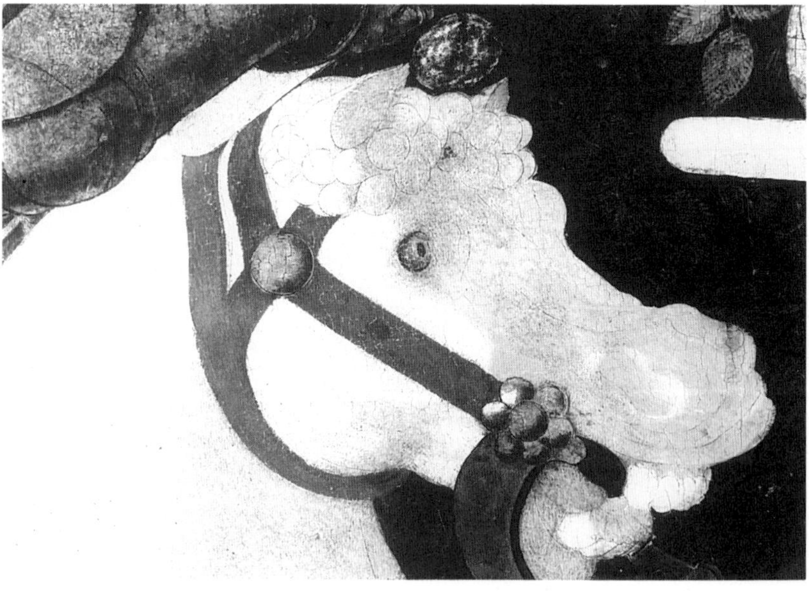

Botschaft auch tatsächlich in die Stadtöffentlichkeit weitergeben konnten.
Es ist interessant zu sehen, daß die republikanische Tradition der Schlachtenbilder auch nach der Vertreibung der Medici immer noch lebendig ist: 1504 erhalten Michelangelo und Leonardo den Auftrag, für den Großen Ratssaal des Palazzo dei Priori die Schlachten von Anghiari beziehungsweise Cascina als Wandbilder auszuführen. Und nachdem das Großherzogtum Toskana ausgerufen ist, führt der berühmte Künstlerbiograph Giorgio Vasari im späteren 16. Jahrhundert für denselben Saal einen umfangreichen Schlachtenbilderzyklus aus: eine Geschichte der Stadt Florenz, nun ganz aus der Sicht eines mediceischen Absolutismus entwickelt.
Verglichen mit dem Zyklus Vasaris ist Uccellos Bildschöpfung noch recht dezent. Es kommen beispielsweise keine ausgewiesenen, identifizierbaren Porträts der Medici vor, Cosimo läßt sich gewissermaßen in Vertretung feiern. Neben den Kugeln und Halbkugeln der Helmzierate und Pferdegeschirre *(Abb. 18)* weisen die auffallend großen Orangen, vor allem der Londoner Tafel *(Abb. 11)*, als »Mala Medica«, als »mediceische Äpfel« auf das Mediciwappen hin, einen ringförmigen Kranz von sechs Kugeln, die »palle«. Der Sieg von San Romano wird gleichsam unter dem Schutz der hesperidischen Äpfel der Medici erfochten.

Uccellos »Sintflut« – Cosimo als Friedensstifter

Seit den Forschungen von Ernst H. Gombrich gilt in der Kunstgeschichte als ausgewiesen, daß Cosimo vor allem ein Mäzen architektonischer Großaufträge gewesen sei. Diese recht einseitige Sichtweise wird schon mit dem bedeutenden Auftrag

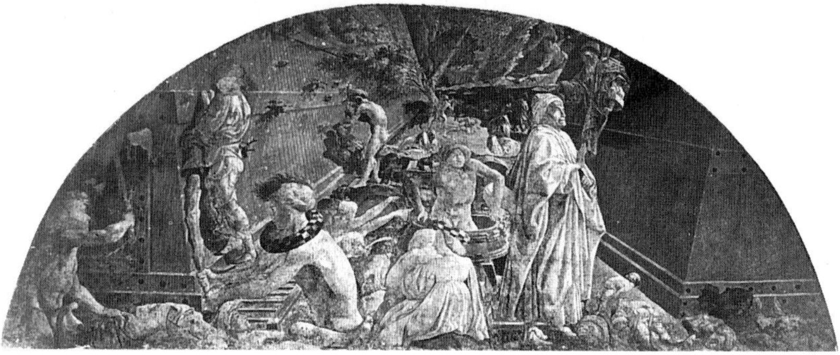

Cosimos für die Tafeln der Schlacht von San Romano relativiert. Nicht übersehen sollte man deshalb den Umfang der Gemäldeaufträge Cosimos. Allein Fra Angelico hat mit seiner Werkstatt über mehrere Jahre hinweg im Kloster von San Marco, einem der Lieblingsprojekte Cosimos, eine umfangreiche Fresken- und Altarausstattung besorgt. Das Hochaltarbild für San Marco enthält im übrigen in der Figur des Heiligen Cosmas, der gemeinsam mit Damian Patron des Klosters wie der Familie der Medici war (die beiden Heiligen sind Ärzte, also »Medici« gewesen), ein Porträt, welches nach verschiedentlich geäußerter Auffassung den Auftraggeber Cosimo in mittlerem Lebensalter zeigt.

Ein weiteres Porträt Cosimos ist jüngst im berühmten »Sintflut«-Fresko Uccellos im Chiostro Verde von Santa Maria Novella *(Abb. 19)* entdeckt worden, ein neuerlicher Beweis für das mäzenatische Engagement auf dem Gebiet der Malerei. Dieser Fund ist deshalb so bedeutsam, weil das Fresko ebenso wie die Schlacht von San Romano ein historisches Ereignis, wenn auch verschlüsselt, in Erinnerung ruft: Die »Sintflut« setzt jenem berühmt gewordenen Konzil von Florenz als Memorialbild ein Denkmal, welches unter dem Patronat Cosimos am 5. Juli 1439 im Kloster von Santa Maria Novella zum Abschluß gebracht

19 *Paolo Uccello, Sintflut (zwischen 1445 und 1450), Fresko, 215 x 510 cm, Florenz, Santa Maria Novella, Grüner Kreuzgang. Neben der Darstellung des biblischen Geschehens ist die Sintflut zugleich ein Erinnerungsbild an das Konzil von Florenz (1439 beendet) sowie die mediceische Stadtgeschichte dieser Jahre*

20 *Paolo Uccello, Sintflut (Ausschnitt), Florenz, Santa Maria Novella, Grüner Kreuzgang. Ein Porträt Cosimos im Chaos der Sintflut. Unter der schützenden Hand Noahs und der Friedenstaube, ist Cosimo hier als Friedensstifter dargestellt, der 1434 mit seiner Rückkehr aus dem Exil die unruhigen Zeiten in Florenz beendet hat und mit ruhiger, segnender Geste den mediceischen Frieden garantiert*

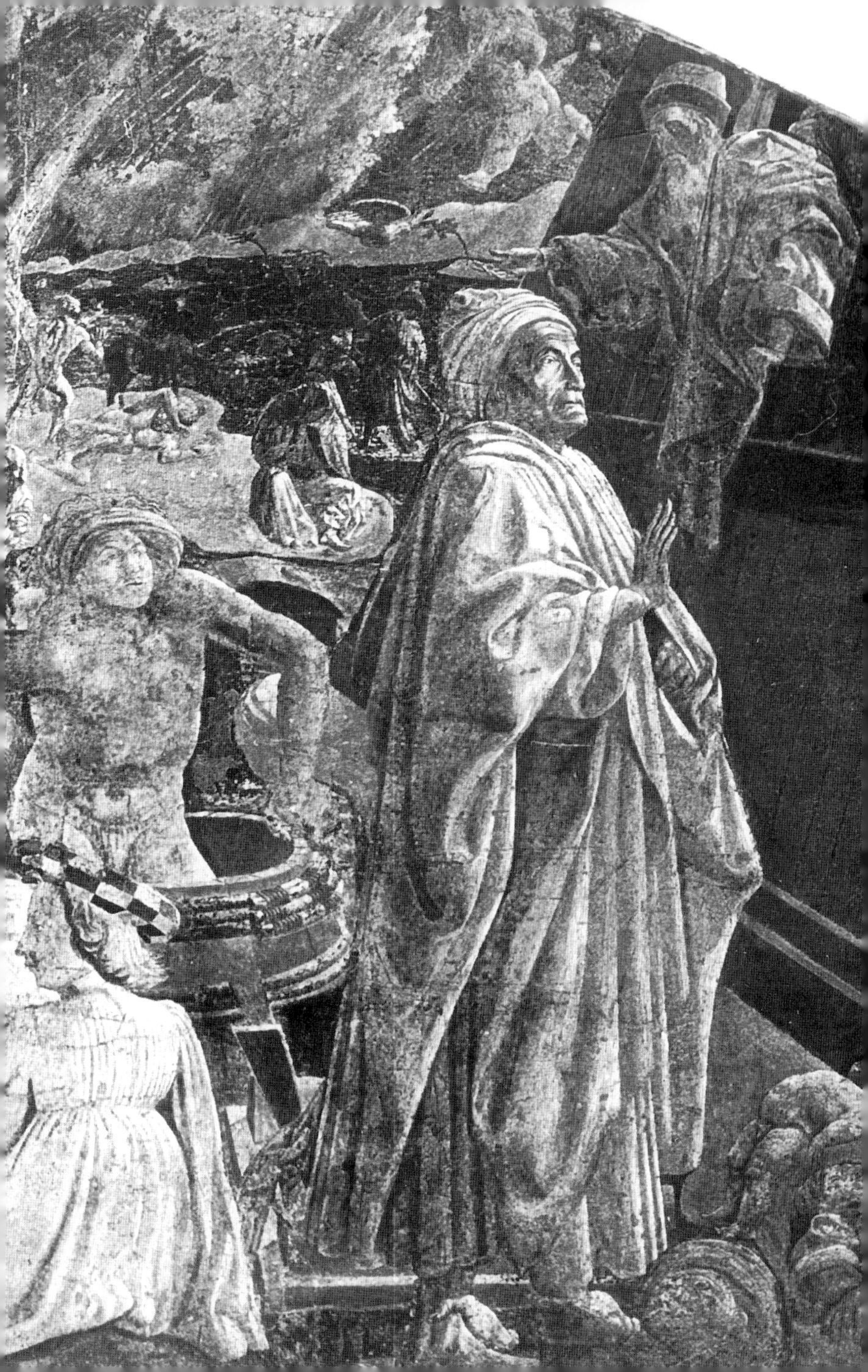

wurde. Cosimo hat allein schon über die Finanzierung des Aufenthalts der griechischen Gäste gebührenden Anteil an diesem letzten Versuch, die Einheit der West- und Ostkirche kurz vor dem endgültigen Fall Konstantinopels 1453 wiederherzustellen.
Dieses lebensgroße Ganzporträt Cosimos in der komplexen Ikonographie des Sintflut-Freskos *(Abb. 20)* gehört zu den aufschlußreichsten und schillerndsten Stifterbildnissen des Quattrocento. Cosimo läßt sich nicht nur als Patron des Konzils feiern – die jeweils links und rechts dargestellte Arche symbolisiert die Vereinigung der West- und Ostkirche –, sondern sein Porträt ist zudem direkt unter der Taube und der den Ölzweig empfangenden Hand Noahs plaziert. Die ganze Szene erinnert stark an die Darstellung der Taufe Christi mit dem Heiligen Geist, der ausgießenden Hand Johannes des Täufers und Christus (hier nun Cosimo) in den Wassern des Jordan. Schon die Bibel belegt die typologische Gegenüberstellung Sintflut – Taufe im 2. Petrusbrief. Cosimo empfängt somit nicht nur stellvertretend die Taufe, er steht zugleich unter dem Schutz des Heiligen Geistes. Dies kann nur ein Hinweis auf die schwierigen Jahre des Exils und die erfolgreiche Überwindung innen- wie außenpolitischer Feinde sein. Man erkennt zu Füßen Cosimos einen Mann, der versucht, Cosimo von dem kleinen Brettchen in die Wasserfluten der Sintflut zu ziehen – aber vergebens. Die Taube steht gleichzeitig für die Pax Medicea, jenen Frieden, den Cosimo der Stadt Florenz gebracht hat. Cosimo ist, politisch wie kirchlich sanktioniert, der Garant für den Eintritt der Stadt Florenz ins »Goldene Zeitalter«, dies die Botschaft des Porträts.
Das profane Historienbild der »Schlacht von San Romano« und das religiöse der »Sintflut« sind komplementärer Ausdruck einer einheitlich geplanten Kunstpolitik. Beide dienen der Festigung des mediceischen Regiments, indem sie die her-

ausragende Rolle Cosimos in der Stadtgeschichte unterstreichen. Sie feiern einmal den militärischen Sieg, dann den beinah christusgleichen Friedensstifter, beide Male Inszenierungen im Medium des Bildes zur Legitimation der Familienherrschaft.

Der Neubau des Palazzo Medici

Im Neubau des Palazzo Medici führen Außenbau *(Abb. 21)* und Innenausstattung diese Teilaspekte in einer großen, in vielen Einzelheiten vollkommen neuartigen – und in die Neuzeit weisenden – Vision zusammen.
Ganz sicher hat Cosimo die Umgestaltung der nördlichen Florentiner Innenstadt zu einer »Città

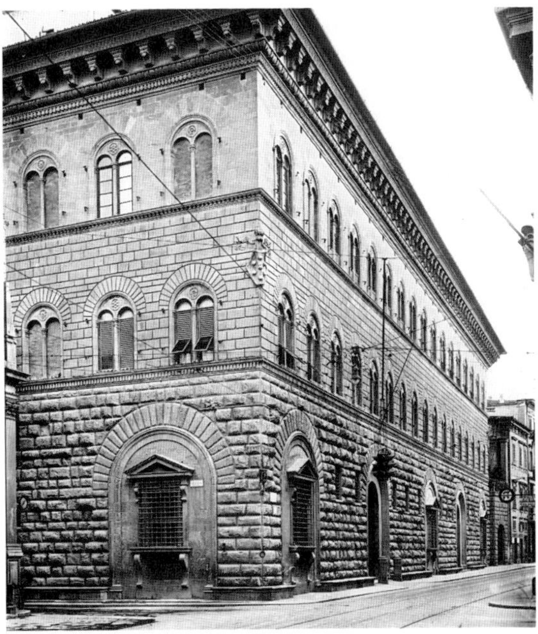

21 *Michelozzo, Palazzo Medici (1444 bis um 1455), Florenz. In einem rückwärtig, zum Garten gelegenen Raum im Erdgeschoß wurden um 1455 Uccellos Schlachtenbilder angebracht*

Medicea« vorrangig beschäftigt, und noch sein Enkel Lorenzo der Prächtige hat hier hochfliegende Pläne. Neben den Planungen für das Kloster von San Marco, den Komplex von San Lorenzo mit der Alten Sakristei als Grablege sowie für die Via Larga, die als Via Medicea, als mediceische Triumphstraße den Dom mit San Marco verbinden sollte, ist die Errichtung des neuen Palazzo Medici von besonderer Bedeutung: An der Via Larga entsteht, schräg gegenüber von San Lorenzo, ab 1444 der noch heute erhaltene Familiensitz nach den Plänen des Architekten Michelozzo. Spätestens 1457, wahrscheinlich schon 1456 zieht die Familie dort ein.

Um die Architektur des Palastes wird sich seit 1444 noch Cosimo selbst gekümmert haben, der einen recht aufwendigen Plan Brunelleschis für den Familiensitz bezeichnenderweise verwirft. Michelozzo kommt seinem Bauherrn in allen Wünschen sehr entgegen. Für den Außenbau wählt er eine Rustikaquaderung, die in dieser Art wiederum an die Großbauten der Florentiner Republik, den heutigen Palazzo Vecchio und den Bargello anschließt. Für die Anlage dieser festungsartigen Gebäude hatte man sich im späten Dugento wohl von den imperialen Kastellen der Staufer inspirieren lassen. Wollte sich die Republik mit diesen Architekturen damals etwas vom kaiserlichen Glanz und Machtanspruch in die Stadt holen, so zögert Cosimo nun wiederum nicht, eben diese architektonische Formensprache der Kommunalpaläste für seinen Palast zu nutzen und umzudeuten. Ein weiterer und folgenschwerer Schritt der »Mediceisierung« der Stadt Florenz, wie die vielen Folgeprojekte der mediciteuen Patrizier belegen.

Mit dem Umzug der Familie wechseln auch Uccellos Schlachtenbilder ihren Ort. Allerdings war bislang nur die Pariser Tafel für den alten Palast fertiggestellt (siehe Anhang 2).

Piero di Cosimo – Die Vollendung des Zyklus

Cosimo hat sich um die Innenausstattung des neuen Familiensitzes wohl nicht mehr vorrangig gekümmert. Diese Aufgabe überläßt er seinem Sohn Piero (1416–1469), Cosimo selbst stirbt ziemlich bald nach der Einrichtung des Palastes im Jahre 1464.
Mit der Ausgestaltung der Innenräume folgt Piero ganz den programmatischen Maßgaben, die sein Vater schon für den Vorgängerbau entwickelt hatte, nämlich möglichst viele republikanisch besetzte Bildthemen konsequent im mediceischen Sinn zu deuten. So beauftragt Piero die Brüder Pollaiuolo, einen großformatigen Herkuleszyklus für den Hauptsaal des Palastes zu malen. Die Bilder sind verloren, zwei kleine Täfelchen in den Florentiner Uffizien vermitteln die ikonographische Auffassung der Künstler wie auch des Mäzens *(Abb. 22)*. Stand etwa Herkules als der Heros des Florentiner Stadtsiegels über Jahrhunderte für die republikanische Freiheit der Commune, auch im Sinne der stets aktuellen Tyrannenabwehr, so ändert sich nun der Symbolgehalt der Figur. In Herkules sieht man jetzt die Gestalt des starken Fürsten allegorisch verkörpert, der listig wie überlegt die innen- und außenpolitischen Feinde bezwingt. Die neuplatonischen Philosophen am Hof Lorenzos bauen wenig später folgerichtig ein philosophisches Gehäuse um die neugeschaffenen politischen Realitäten. Herkules ist der Tugendheld, der mit Antaeus die Laster in die Schranken verweist. Damit ist der Grundstein für die im Absolutismus so beliebt gewordene Herkules-Ikonographie gelegt, die von Versailles bis zum Riesenschloß im Park der Kasseler Wilhelmshöhe, dem gigantomanischen Abschluß dieser Tradition, Triumphe feiert.
Die »Pax Medicea« in allen ihren Facetten, mit

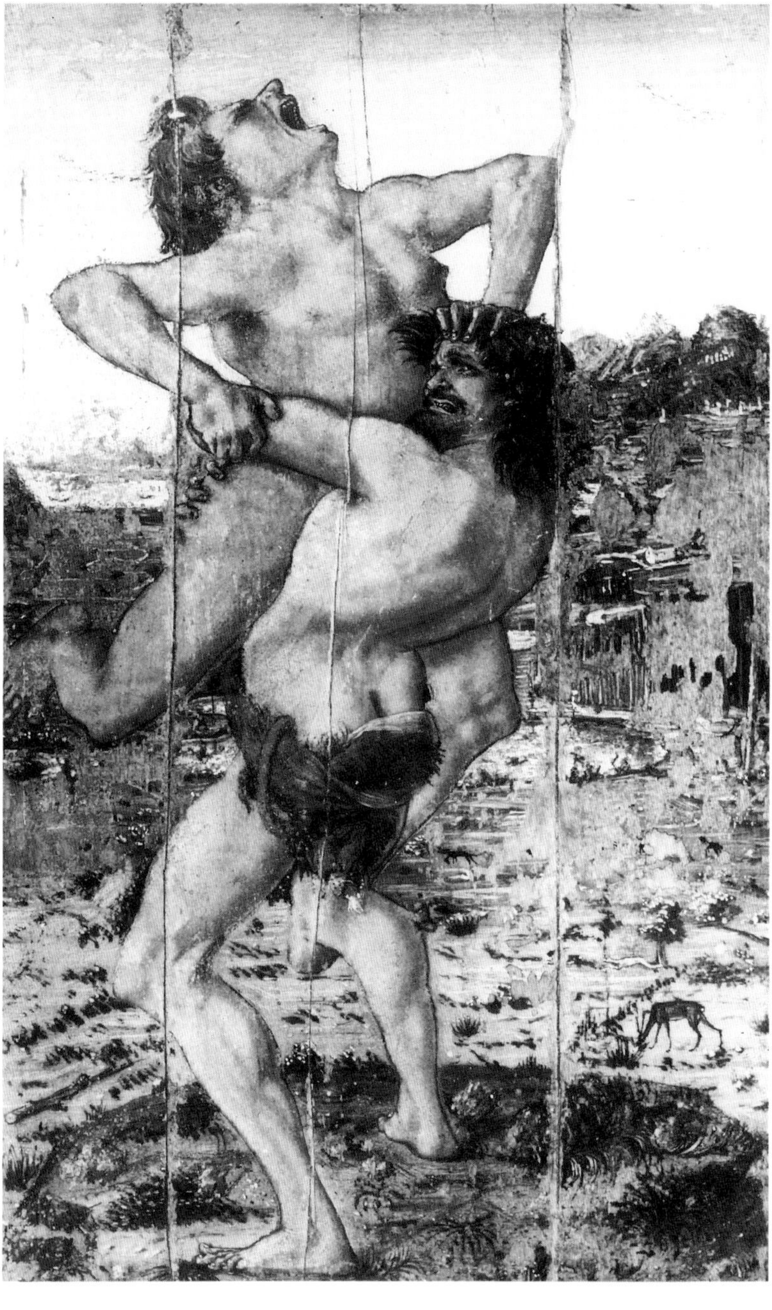

22 *Antonio del Pollaiuolo, Herkules und Antaeus (um 1460/70), Tempera auf Holz, 17,5 x 12 cm, Florenz, Uffizien*

allen erdenklichen künstlerischen Mitteln darzustellen und der Florentiner Bevölkerung sowie den Gästen der Stadt zu vermitteln, – dies ist das vorrangige Ziel der Kunstpolitik Pieros. Ob dieser hohe Anspruch in der Realpolitik eingelöst werden konnte, ist eine andere Frage. Wichtig für eine kritische Beurteilung der mediceischen Kunstaufträge ist allein schon die politische Absicht Pieros und später dann Lorenzos, ein Goldenes Zeitalter unter dem Patronat der Medici zu etablieren.

Die Einrichtung des Familienpalastes ist in der Gesamtheit ihrer beweglichen wie ortsgebundenen Ausstattung, geeignetes Vehikel, diesen politischen Anspruch angemessen vorzutragen. Donatellos Skulpturen des »David« und der »Judith und Holofernes« *(Abb. 23 u. 24)*, im Innenhof des Palazzo Medici beziehungsweise im Garten aufge-

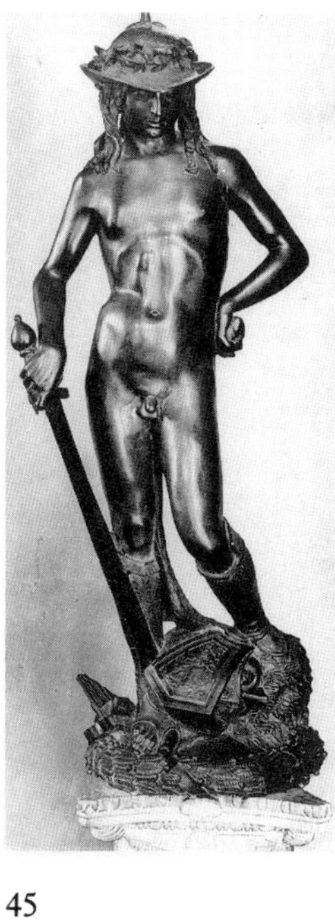

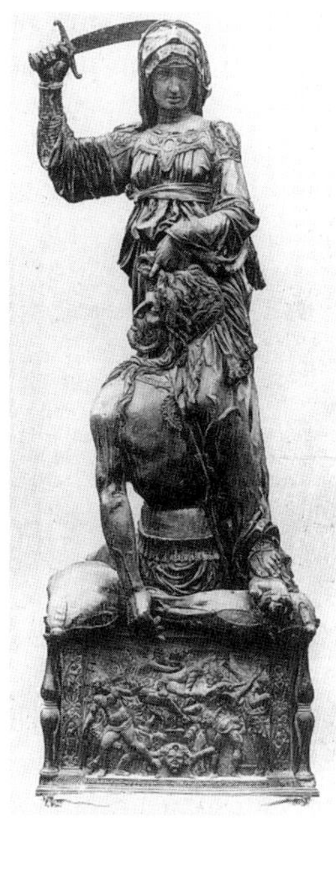

23 *Donatello, David (um 1435/40), Bronze, Höhe 158 cm, Florenz, Museo Nazionale del Bargello*

24 *Donatello, Judith und Holofernes (um 1455/60), Bronze, Höhe 236 cm (mit Sockel), Florenz, Palazzo Vecchio*

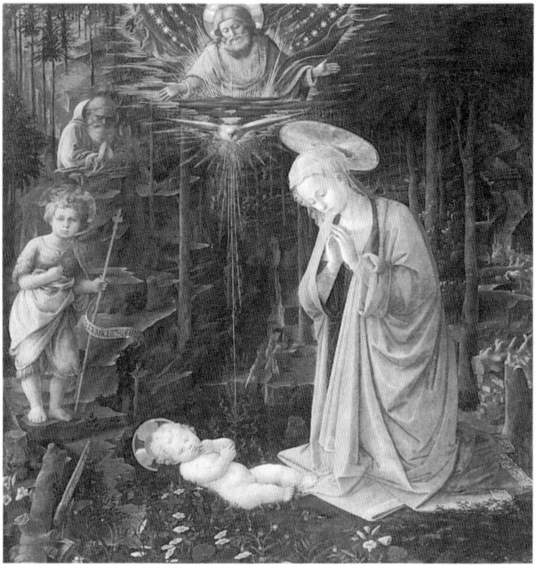

25 *Fra Filippo Lippi, Anbetung Christi (um 1459), Tempera auf Holz, 127 x 116 cm, Berlin, Staatliche Museen Preußischer Kulturbesitz*

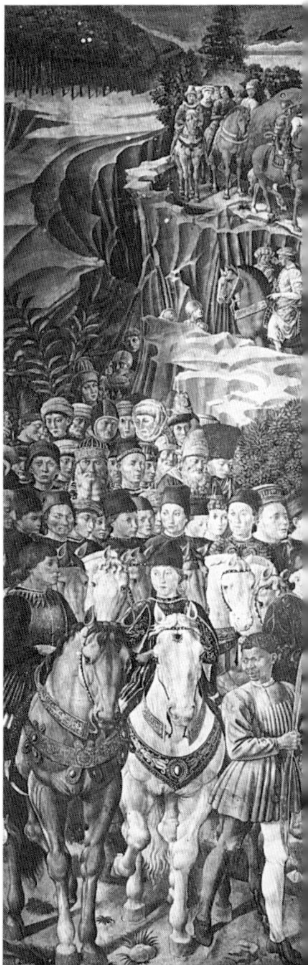

stellt, sowie die antikisierenden Reliefmedaillons an den Wänden des Innenhofes sind Stück für Stück Ausdruck einer neuen Fürstenikonographie, welche jeweils vor der Folie florentinischer, republikanischer Bildtraditionen neu formuliert wird.

Höhepunkt des Ausstattungsprogramms ist neben den schon erwähnten Beispielen (und dem in seinem architektonischen Gesamtzusammenhang verlorenen Studiolo) die Kapelle. Schon die Tatsache, daß man überhaupt eine eigene Kapelle vorsieht, ist an sich bedeutend, waren doch Kapellen in der Stadt typisch vor allem für öffentliche Gebäude und in Privathäusern eher die Ausnahme, denn hier diente meist ein kleiner Altar, etwa im Zimmer des Hausherrn, den religiösen Funktionen. Die Medicikapelle hingegen ist äußerst reich ausgestattet. Ein auf römische Vorbilder des 12. Jahrhunderts verweisender Fußboden im Stil der Cosmaten, ein reich intarsiertes Gestühl, Filippo Lippis Altarbild der »Anbetung Christi« (heute am Ort durch eine Kopie ersetzt, das Original in Berlin, *Abb. 25*), die Fresken Benozzo Gozzolis mit dem »Zug der Heiligen Drei Könige« und schließlich die kunstvolle Holzarbeit der Decke fügen sich zu einem der kostbarsten Raumkunstensembles der Renaissance.

Ein überraschender Aspekt der Fresken Gozzolis ist die Integration zeitgenössischer Porträts in diesen freskierten Fries, eingeschlossen die führenden Medici von Cosimo über Piero bis zu Lorenzo

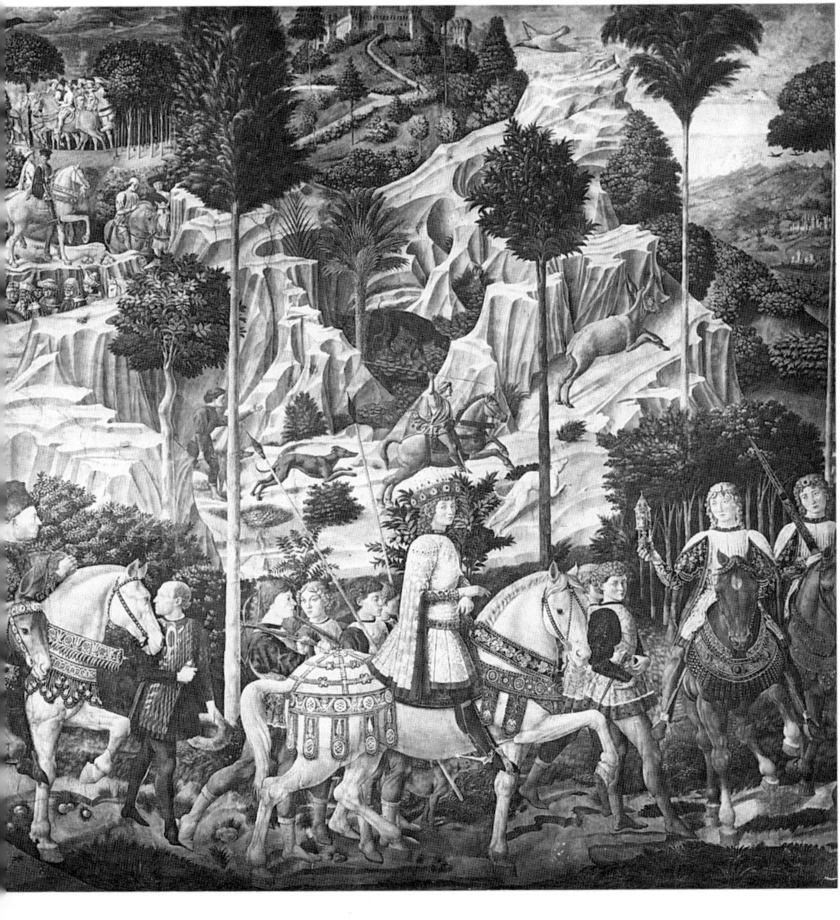

26 *Benozzo Gozzoli, Zug der Heiligen Drei Könige (1459 bis 1461), Fresko (Ausschnitt), Florenz, Palazzo Medici-Riccardi, Kapelle. Der Künstler stellt einen Festumzug der Heiligen Drei Könige dar, wie er sich tatsächlich alljährlich und meist mit Beteiligung der Medici am Familienpalast vorbeibewegt hat*

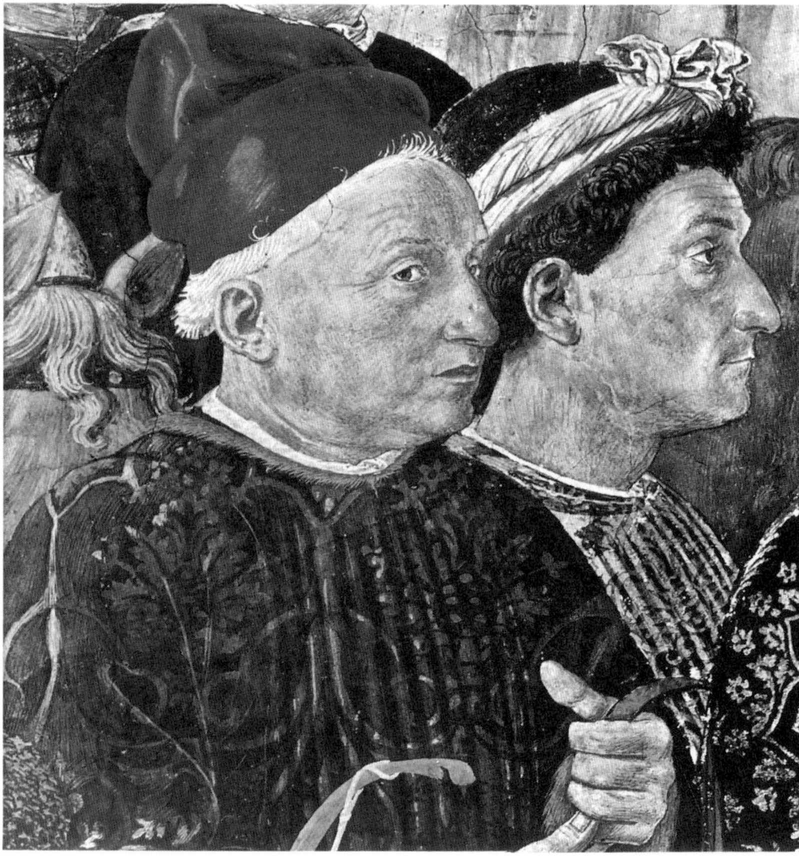

27 *Benozzo Gozzoli, Zug der Heiligen Drei Könige (1459 bis 1461), Fresko (Ausschnitt), Florenz, Palazzo Medici-Riccardi, Kapelle.*
Links ein Porträt Cosimos, rechts ein Profilkopf, der an eine römische Medaille der Kaiserzeit angelehnt ist. Cosimo stellt sich damit als bürgerlicher Herrscher in die Tradition römischer Caesaren

(*Abb. 26*). Die Einbeziehung von Stifterfiguren in eine religiöse Darstellung ist seit dem Mittelalter üblich. Neu und kühn – ähnlich wie beim Bildnis Cosimos in der »Sintflut« – ist die Verschränkung von aktuellen florentinischen Ereignissen und religiösem Sinngehalt, sind es doch oft die Medici selbst, welche die religiösen Festumzüge der »Compagnia dei Magi« anführen, und dies direkt am Palast vorbei. Durch die Aufnahme des Porträts des letzten byzantinischen Kaisers, Johannes VIII. Paläologus, erinnert der religiöse Festzug zusätzlich wiederum an das Konzil von Flo-

renz, an dem der Herrscher 1493 persönlich teilnimmt.
Neben das Porträt des alten Cosimo ist zudem noch ein Profilkopf eingefügt, der an Medaillen römischer Kaiser erinnert *(Abb. 27)*, ein Rekurs auf die römische Antike, der gut in der humanistischen Tradition des Quattrocento aufgehoben und zudem noch ein deutlicher Hinweis auf den umfassenden Herrschaftsanspruch der Familie ist. Es paßt zu dieser Spiegelung von Innen und Aussen, Spiritualität und Weltlichkeit, daß in der Kapelle selbstverständlich nicht nur gebetet, sondern unter den eigenen Porträts auch angemessen Hof gehalten wird.
Für Piero gehört die Schlacht von San Romano zu den Ereignissen der Familiengeschichte, die er nur noch aus Erzählungen kennt. Trotzdem respektiert er den Auftrag des Vaters und verfolgt in den 1450er Jahren die Vollendung des Zyklus mit der Londoner und der Florentiner Tafel. In beiden Bildern spielt Uccello virtuos mit dem ambivalenten Verhältnis von Komposition, Bildraum und Bildfläche. Dabei setzt der Künstler andere Akzente als Lippi oder Gozzoli. Steht bei den letztgenannten die flächige Schönheit der Linie im Vordergrund sowie das liebevoll erzählende, malerische Detail, verfolgt Uccello in der Londoner und Florentiner Tafel weiter die großen Aspekte von Bildraum und Bildfläche, der Verschränkung von Perspektive und Bilderzählung, Aufgaben, welche vorrangig die florentinischen Künstler in der ersten Jahrhunderthälfte beschäftigt hatten, und führt diese noch einmal zu einer grandiosen Synthese.
Dennoch gibt es bei aller Gegensätzlichkeit einen gemeinsamen Nenner. Nie hat Filippo Lippi sich Uccello so weit genähert wie in der Hintergrundlandschaft seiner »Anbetung«. Die schroffen Gegensätze von flächigen und tiefenräumlichen Partien, die Kompartimentierung des Bildraumes, der Rhythmus erzeugende Baumbestand, dies al-

les sind spezifische Merkmale der Kunst Uccellos. In einer ausgesprochen höfisch-gediegenen Form begegnen die Stilmittel auch im »Zug der Heiligen Drei Könige« wieder. Andererseits bemüht sich Uccello in den Schlachtenbildern, ein teppichartiges Gewebe von dekorativer Flächigkeit zu erzeugen, paradoxerweise bei einem maximalen Einsatz von perspektivischer Verkürzung im Detail. Die versilberten und vergoldeten Stuckauflagen, ein Markenzeichen der italienischen Variante des Stils der »internationalen Gotik«, verstärken diesen Eindruck noch. Hier sind durchaus Lernprozesse auch von Gozzoli zu Uccello, also in umgekehrter Richtung möglich. Uccello jedenfalls ist in der Zeit nach 1450 nicht mehr der uneingeschränkte Meister der Perspektive, der bevorzugte Freskomaler wie noch in der Zeit um 1440. Die Malerei nach der Jahrhundertmitte setzt auf gepflegte, flächenbetonte Dekoration. Die Perspektive ist mittlerweile Allgemeingut, Standard der Malerei; jetzt gilt es, mit dem raffinierten Detail die Augen des Mäzens zu erfreuen. Uccello versucht gewissermaßen, den Generationskonflikt auf seine Art zu lösen.
In diesem Klima wird der Zyklus der Schlacht von San Romano vollendet, schon bei seiner Fertigstellung in der Art eines monumentalen Tafelbildzyklus ein Unikum, thematisch ein eher befremdliches Fossil. Bezeichnenderweise wird er nicht im Piano Nobile, sondern etwas abseits im Erdgeschoß aufgehängt, in der »chamera terrena«, einem Raum, der wohl vorwiegend im Sommer genutzt wird, bei Festen und als Gästezimmer. Die Hängung von derart großformatigen Holztafeln über der hölzernen Wandvertäfelung einer Spalliera ist einzigartig. Üblich war es hingegen, bei Bedarf Wandteppiche zum Schmuck der Wände aufzuhängen, sei es vor die Spalliera oder auch darüber. Fresken, noch im Trecento in Florenz in Privathäusern üblich (Palazzo Davanzati), kommen im Palazzo Medici außerhalb der Ka-

pelle nicht vor. Mit anderen Worten: Uccellos Tafelbilder ersetzen als unbewegliche, fest installierte Wanddekoration, als Bildmöbel sozusagen, die jederzeit austauschbaren, flandrischen Tapisserien (siehe die Rekonstruktionsversuche des Raumes im Anhang 2).

Lorenzo der Prächtige – Der vollendete Zyklus

Piero stirbt 1469, nur fünf Jahre nach seinem Vater und kaum mehr als zehn Jahre nach Fertigstellung der Palastausstattung. Sein Sohn Lorenzo wohnt dort mehr als doppelt so lange, der greise Uccello spielt für ihn unter den lebenden Künstlern jedoch keine Rolle mehr. Konsequenterweise sucht Uccello für einige Zeit sein berufliches Glück in Urbino. Am dortigen Hof pflegt man auf hohem Niveau die Beschäftigung mit der Perspektive und Mathematik, so daß Uccello wohl zu hoffen meint, hier mit den zentralen Themen seiner Malerei noch Anklang zu finden. Die »Jagd«, in dem Uccello die Summe seines Schaffens zieht, malt bereits ein Künstler im Abseits der zeitgenössischen Kunst.
Einem Brief ist zu entnehmen, daß Lorenzo die »chamera terrena«, dort, wo Uccellos Bilder aufgehängt sind, als Schlafzimmer benutzt. Es läßt sich nur spekulieren, welche Bedeutung er den Bildern Uccellos beimißt. Vielleicht spürt er noch die Artistik des Künstlers, erinnern ihn die ritterlichen Kämpfer an die Turniere, an denen Lorenzo mit Begeisterung auf der Piazza vor Santa Croce persönlich teilnimmt. Der Anachronismus dieser Turniere entspräche jener anders gearteten des Ereignisses der Schlacht von San Romano.

Denn das Sujet wird ihn kaum noch interessieren, jedenfalls nicht als ein gegen Mailand gerichtetes Ereignis der Florentiner Geschichte, weil Lorenzo inzwischen mit Mailand koaliert. Vielleicht ist es deshalb kein Zufall, daß der Mailänder Fürst Galeazzo Maria Sforza bei seinem Besuch im Palast im April des Jahres 1459, also noch zu Lebzeiten Cosimos, die Bilder wohl aus politischen Erwägungen schon nicht mehr zu sehen bekommt. Es erstaunt zumindest, daß die Chronisten den Zyklus Uccellos in den sehr detaillierten Berichten unerwähnt lassen. Künstlerisch wie politisch hat der Zyklus offenbar keine Funktion mehr und wird schon bald der (Kunst-)Geschichte angehören.

Auf dem Weg ins Museum

Im Jahr 1659 verkaufen die Medici unter Großherzog Ferdinando II. in einer Zeit des wirtschaftlichen Niedergangs des Großherzogtums Toskana ihren Palast an die Familie Riccardi, daher der heute geläufige Doppelname Palazzo Medici-Riccardi. Der Familiensitz in der Via Larga ist überflüssig geworden, nachdem die Medici in dem von Ammanati in der zweiten Hälfte des 16. Jahrhunderts umgebauten Palazzo Pitti sowie in den vergrößerten Obergeschoßräumen des Palazzo Vecchio komfortabel residieren.
Die Schlachtenbilder Uccellos bleiben Erbgut der Medici, gehören allerdings nicht zum Bestand der von Cosimo III. im Pitti eingerichteten Galerie, sondern wandern ins Magazin und teilen das Schicksal vieler Kunstwerke der Frührenaissance, die nun als veraltet gelten. Daran hat im Falle Uccellos ganz sicher die rundherum negative Beurteilung durch den einflußreichen Kunstkritiker Giorgio Vasari mitgewirkt, der bereits im

16. Jahrhundert lediglich die Bedeutung Uccellos für die Entwicklung der Perspektivkunst gelten läßt.
Das Blatt wendet sich erneut mit dem enzyklopädischen Geschichtsbewußtsein des späten 18. Jahrhunderts. Im Jahr 1769 ordnet der Großherzog Piero Leopoldo an, daß der Bestand des Magazins gesichtet wird. Grund hierfür ist der Plan zu einer Kunstgalerie in den Uffizien, die als eine der ersten in Europa nach »Schulen« geordnet werden soll. Der Abbate Luigi Lanzi ist entscheidender Motor der Bemühungen, erstmals wieder einen Raum mit Gemälden der sogenannten »Primitiven Schule« einzurichten. Lanzis Begründung fußt noch immer auf dem Urteil Vasaris. Wie dieser betont er in seinen schriftlichen Äußerungen die vermeintlichen Schwächen der Künstler des Quattrocento gegenüber dem späteren Dreigestirn Leonardo da Vinci, Raffael und vor allem Michelangelo. Da aber selbst diese Meister von einem Künstler wie Uccello einiges hätten lernen können, lohne es sich schon deshalb, diese Werke ebenfalls auszustellen.
Es ist bezeichnend für die Auswahlkriterien, daß nicht mehr der gesamte Zyklus ins neue Museum der Uffizien aufgenommen wird, sondern nur noch die künstlerisch spektakulärste Tafel, das Mittelbild, das sich seit 1782 – und bis heute – an diesem Ort befindet. Sie sollte dem kritischen Betrachter dort als Exempel einer fremd gewordenen Kunst dienen.
Die beiden anderen Tafeln gelangen aus dem Depot über private Sammler 1857 und 1861 in die National Gallery in London und in den Louvre in Paris, charakteristischerweise gerade zu einer Zeit, in der sich die moderne Kunstgeschichte zu etablieren beginnt.

Vorläufer der Schlachtenbilder Uccellos – Die mittelalterliche Buchmalerei

Uccellos Schlachtenbilder sind nicht voraussetzungslos im hellen Tageslicht der Renaissance entstanden. Bereits die Künstler des Mittelalters – und hier insbesondere die Buchmaler und Gobelinweber – haben immer wieder Schlachtenthemen illustriert und damit dem Wunsch ihrer Klientel entsprochen, das eigene kulturelle, höfisch-feudale Umfeld widergespiegelt zu sehen. Gerade das Alte Testament bietet genügend Anlaß, Schlachten in aller Breite malerisch auszubreiten, und die mittelalterlichen Handschriften römischer Geschichtsbücher lesen sich, nimmt man nur die Miniaturen, wie zeitgenössische Schilderungen ritterlicher Turniere.
Die Miniaturisten sehen sich mit dem Problem

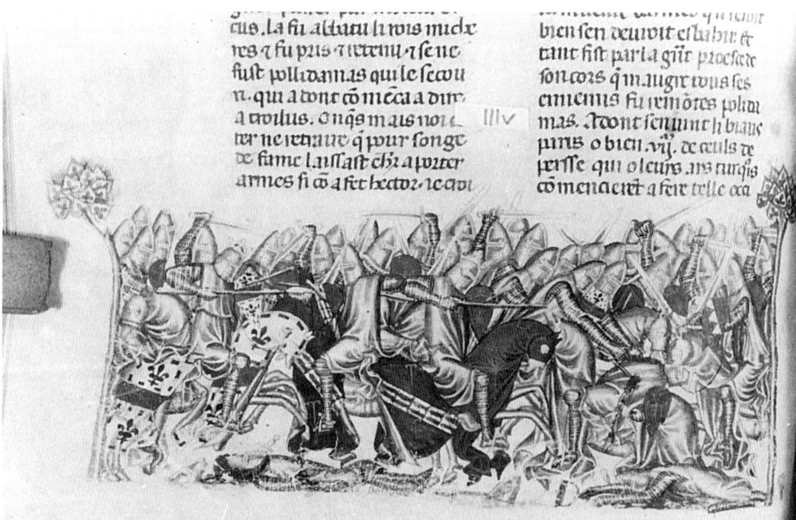

28 *Unbekannter Buchmaler, Histoire ancienne jusq'à Cesar, Neapel um 1335, London, British Museum, MS. Royal 20 D. I., f. 111v*

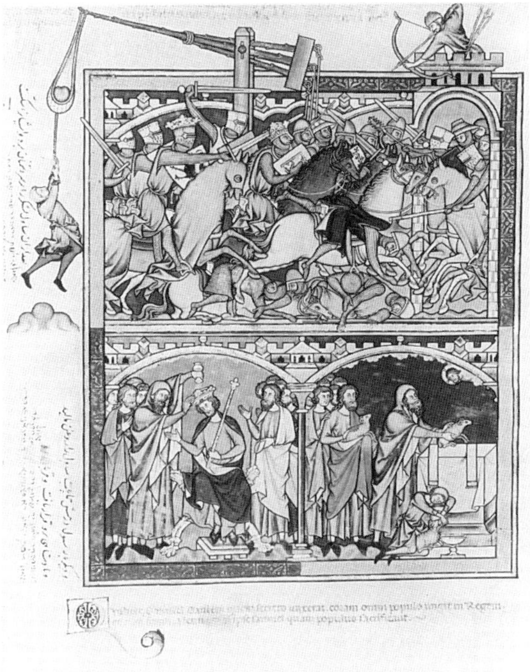

29 *Unbekannter Buchmaler, Die Geschichte König Sauls, Bibel, französisch um 1250, New York, Pierpont Morgan Library, MS. 638, f. 23v*

konfrontiert, wie sie das wogende Schlachtengetümmel jeweils künstlerisch fassen sollen. Eine gewisse Hilfestellung haben ganz sicher die gerade in Italien noch vielfach bekannten Reitersarkophage der kaiserzeitlichen römischen Kunst geben können. Trotzdem entwickeln die mittelalterlichen Künstler eigene Konzeptionen für ihre kleinformatigen Schlachtenbilder. Zwei Beispiele sollen unterschiedliche Ansätze vorstellen.
Der neapolitanische Künstler, der eine Römische Geschichte zu illustrieren hat *(Abb. 28)*, versucht, mit der Vielzahl der Helme sowie den aus dem Nichts hochgereckten Schwertern ein Gefühl für die große Menge der an der Schlacht beteiligten Ritter zu suggerieren, wobei die Reiter unbestimmt über dem Boden zu schweben scheinen. Zwei gefallene Kämpfer verschleiern den kriti-

schen Punkt der mangelnden Bodenhaftung der Figuren. Dieses Problem der eindeutigen Stellung von Pferden und Menschen in einem perspektivisch definierten Raum wird erst Uccello lösen. Dennoch begegnen uns einige Gestaltungsprinzipien des Florentiner Renaissancekünstlers bereits hier. Wie später Uccello gliedert der Buchmaler die Menschenmassen, indem er das kalkuliert gezeichnete Kreuz und Quer von Armen, Schwertern und Lanzen zu einem subtil rhythmisierten Formengeflecht ausgestaltet.

Der Künstler der sogenannten Pierpont-Morgan-Bibel setzt die Akzente anders, immer unter dem Primat der eleganten, schönen Linie *(Abb. 29)*. Trotzdem stimmt das Grundvokabular mit der achtzig Jahre jüngeren Miniatur aus Neapel überein. Darüber hinaus findet sich ein Motiv, das Uccello verstärkt verwenden wird: In der rechten oberen Bildhälfte treffen die feindlichen Kämpfer aufeinander. Die hintereinander gestaffelten Pferdebeine verdeutlichen stellvertretend die Masse und die Bewegungsenergie der Angreifer sowie in der Gegenüberstellung auch den Konflikt selbst. Eine Säule hinterfängt diesen bedeutungsgeladenen, bildlichen Moment und betont noch die geradezu symbolhafte Kraft des Details.

Uccello weiß solche Traditionen aufzugreifen und für sein Bildkonzept fruchtbar zu machen. Vielfach stehen Details wie die hintereinander gestaffelten, unterschiedlich bunten Beine der Fußsoldaten auf dem Pariser Bild mehr symbolhaft für einen Bewegungsimpuls, als daß sie den Bewegungsaspekt selbst auf direktem Wege visuell vermitteln. Vielleicht sind es gerade diese mittelalterlichen Wurzeln der Schlachtenbilder Uccellos, die für die eigentümliche Ambivalenz von Statik und Dynamik verantwortlich sind.

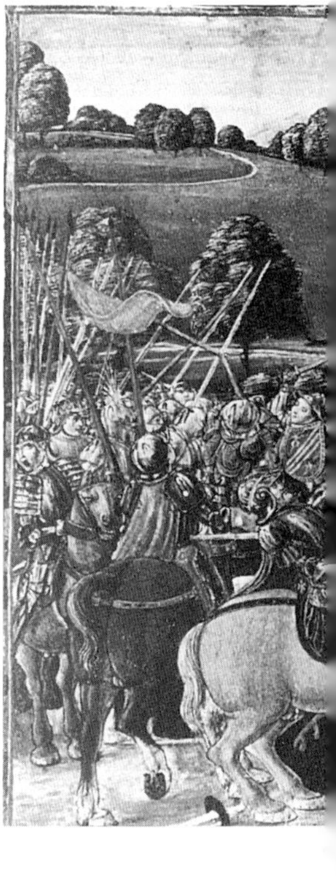

Nachwirkung in Italien – Hochzeitstruhen und Buchmalerei

30 *Umkreis des Domenico Ghirlandaio (um 1474/76), Schlacht des Juda gegen die Kanaanäer, Bibel des Federico da Montefeltro, Rom, Biblioteca del Vaticano, Ms. urb. lat. 1, f. 97v. Die Miniatur aus dem Umkreis des Lehrers von Michelangelo setzt in vielen Details die Kenntnis von Uccellos Schlachtenbildern voraus*

Uccellos Schlachtenbilder stehen, wiewohl sie in einzelnen Kompositionsprinzipien ihre mittelalterliche Herkunft nicht verleugnen, dennoch wie ein erratischer Block in der Kunstlandschaft Italiens. In ihrer Form als monumentale Holztafeln sind sie ohne direktes Vorbild. Kein Künstler Italiens hat Ähnliches später versucht, sieht man einmal von den etwa gleichzeitigen Fresken Piero della Francescas ab, die in ihrer Konzeption aber ebenso einzigartig sind wie die Werkgruppe Uccellos.

So sind die Tafeln der Schlacht von San Romano

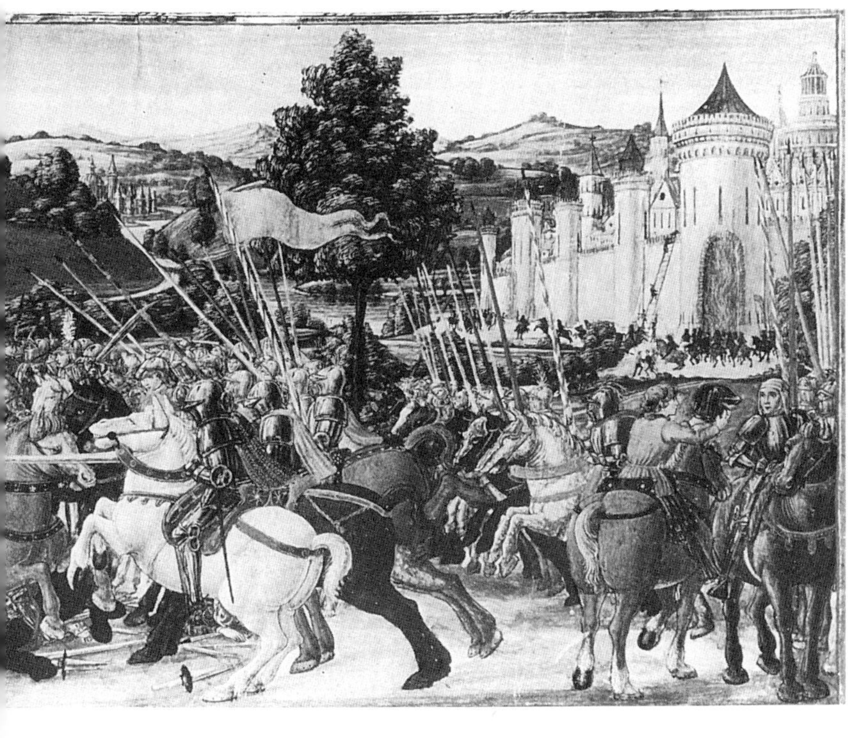

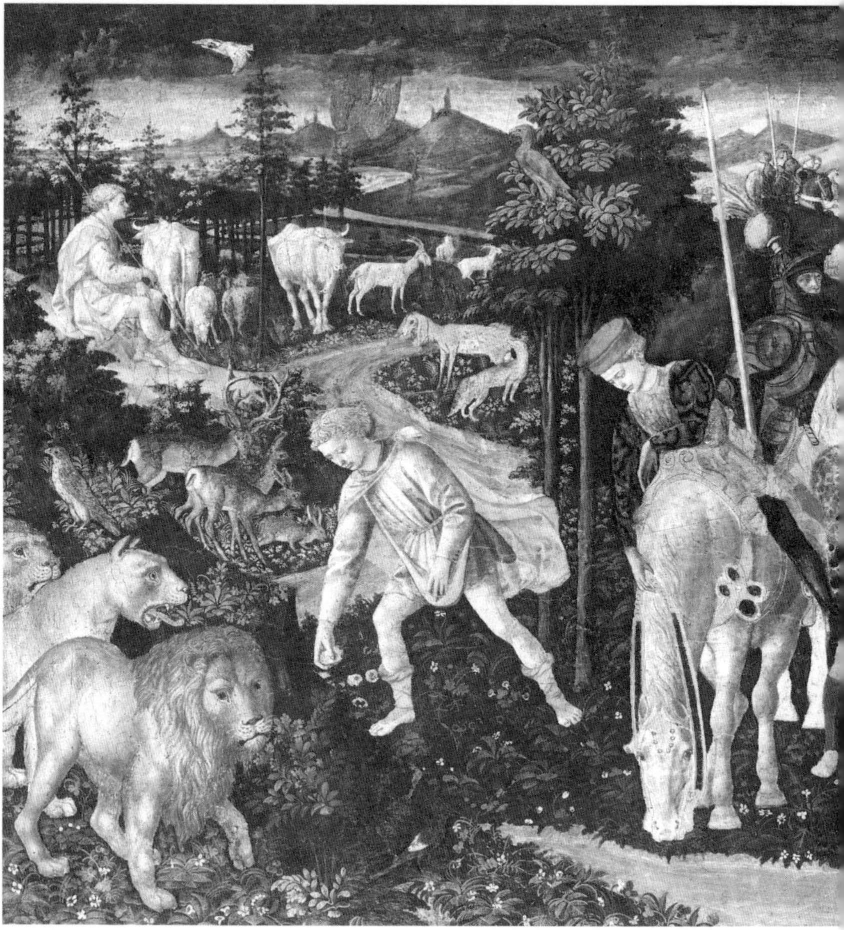

denn auch von den Zeitgenossen aufmerksam studiert worden. Eine ganze Generation von Künstlern hat sich durch die Übernahme von Einzelmotiven der Schlachtenbilder trefflich zu bedienen gewußt; sie fungieren im Zeitraum von 1455 bis etwa 1475 geradezu als »Mustertafeln« für die Maler von Miniaturen *(Abb. 30)* und Hochzeitstruhen, den Cassoni. Hier finden die in Werkstätten

31 *Pesellino, Cassone mit der Geschichte Davids (um 1455), Tempera auf Holz (Ausschnitt), London, National Gallery.*
Links die Jugend Davids, im Zentrum verabschiedet sich David vor dem Kampf gegen Goliath von König Saul. ...

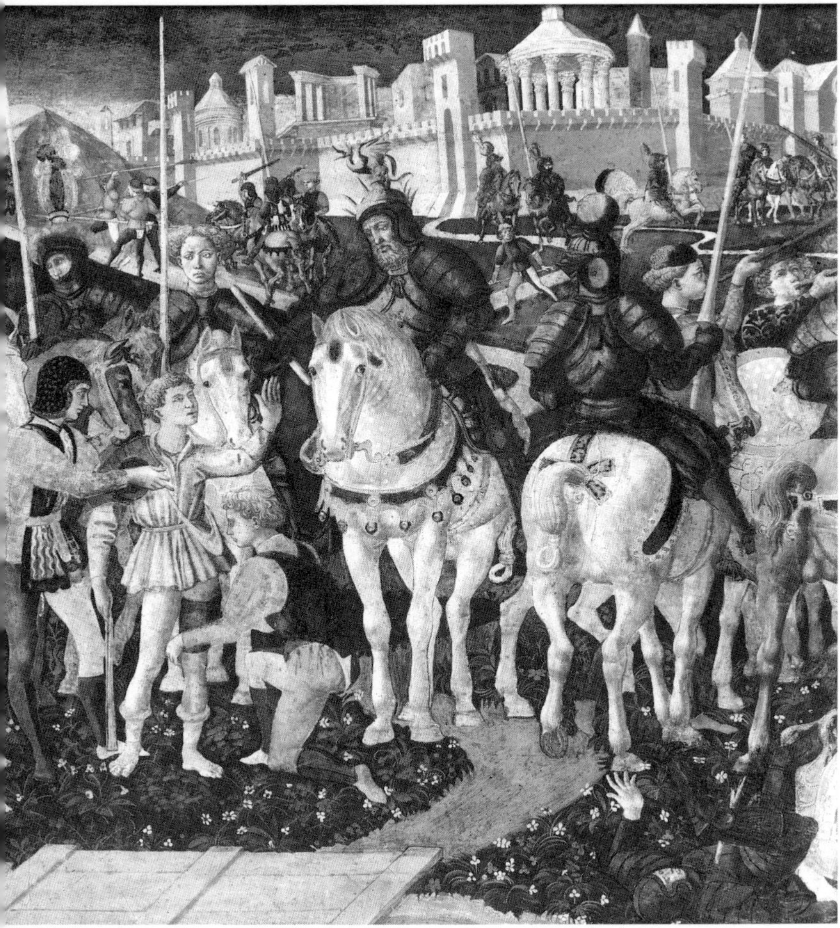

Der Profilkopf des Pagen im Hintergrund ist eine Übernahme aus Uccellos Londoner Tafel, der von hinten gesehene Reiter rechts von Saul die Replik eines Kämpfers der Florentiner Tafel Uccellos

organisierten Künstler genau jene Details verkürzter Pferdeleiber, Rüstungen und Figurengruppen, welche sie für ihre Darstellungen antiker Schlachten und Triumphzüge im zeitgenössischen Gewand so dringend benötigen. Die Komplexität der Komposition Uccellos interessiert sie dabei herzlich wenig, hingegen lassen sich viele figürliche Einzelheiten jeweils direkt von

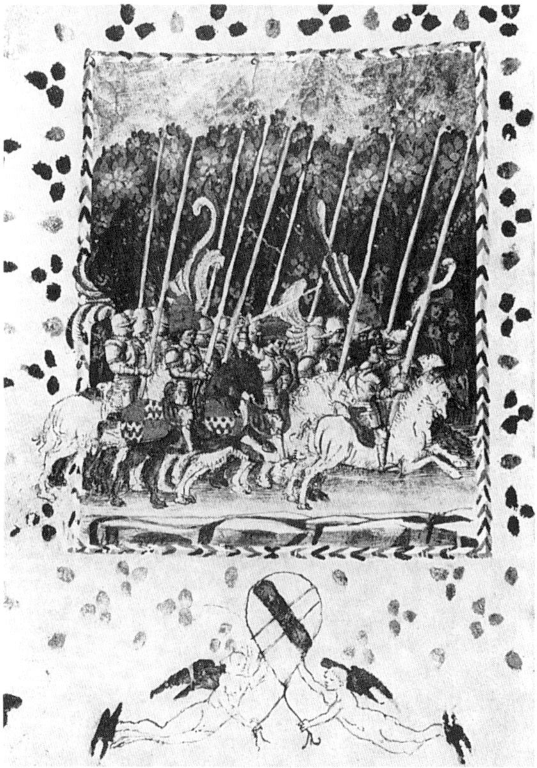

32 *Apollonio di Giovanni, Schlachtenszene (um 1455/60), aus der Handschrift der »Trionfi« Francesco Petrarcas, Florenz, Biblioteca Laurenziana, Ms. Strozz. 174, f. 38*

Uccello ableiten. Bei der Frage, wie das Formenvokabular Uccellos in die Werkstätten der Truhenmaler gelangt ist, stößt man auf zwei Namen: Pesellino und Apollonio di Giovanni.

Pesellino, ein Künstler vom Range eines Gozzoli oder Filippo Lippi, hat sich wie fast alle Maler der zweiten Hälfte des 15. Jahrhunderts, auch gelegentlich mit der Bemalung von Cassoni beschäftigt. Seine Truhen mit der »Geschichte Davids« *(Abb. 31)* zählen zu den edelsten der Gattung. Daß er Details der Florentiner Tafel Uccellos bis in Einzelheiten wiederholt, sie demnach bestens kannte, verwundert kaum, hat doch Pesellino eine eigene »Jagd« zum ursprünglich sechsteiligen Bil-

34 *Apollonio di Giovanni, Szene aus der »Aeneis« des Vergil (um 1455/60), Florenz, Biblioteca Riccardiana, Ms. 492, f. 72r. Die erste Begegnung von Aeneas mit der Königin Dido im Tempel von Karthago, rechts hinten der Palazzo Medici im Bau. Der Bilderfries im Tempel reflektiert die Hängung der Schlachtenbilder Uccellos in der »chamera terrena« des Palazzo Medici*

derzyklus der »chamera terrena« im Palazzo Medici beigesteuert, die leider verloren ist (vgl. Anhang 2, B.).

Apollonio di Giovanni ist der Cassonemaler mit dem künstlerisch wie biographisch deutlichsten Profil. Der 1465 gestorbene Künstler ragt aus der Masse der übrigen Möbelmaler deutlich hervor, seine lange Auftragsliste, die sich aus den Jahren 1446 bis 1463 erhalten hat, spricht für den Erfolg des Künstlers, der zudem auch ein ausgezeichneter Buchmaler gewesen ist. Das Blatt einer Petrarca-Handschrift *(Abb. 32)* bezeugt, daß er Uccellos Formensprache wie Pesellino studiert und, mehr noch, im Gegensatz zu den meisten

33 *Apollonio di Giovanni, Szene aus der »Aeneis« des Vergil (um 1455/60), Florenz, Biblioteca Riccardiana, Ms. 492, f. 85r. Die Eroberung Trojas durch die Griechen. Der Palast des Priamos in vielen Details identisch mit dem Palazzo Medici in Florenz (Fensterform, Rustikaquaderung, die Lage des Gartens hinter dem Palast)*

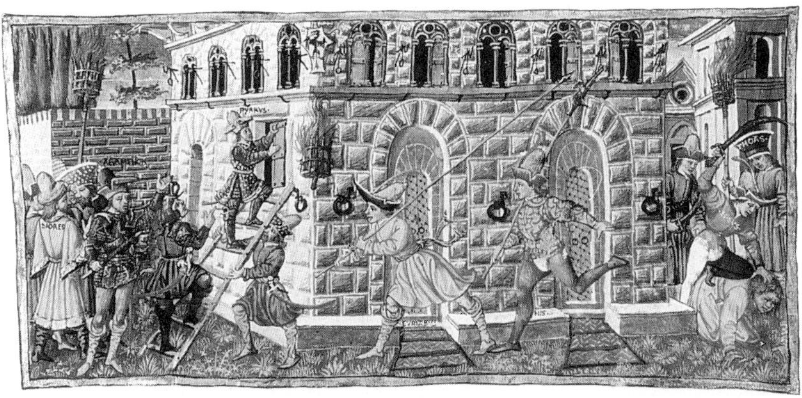

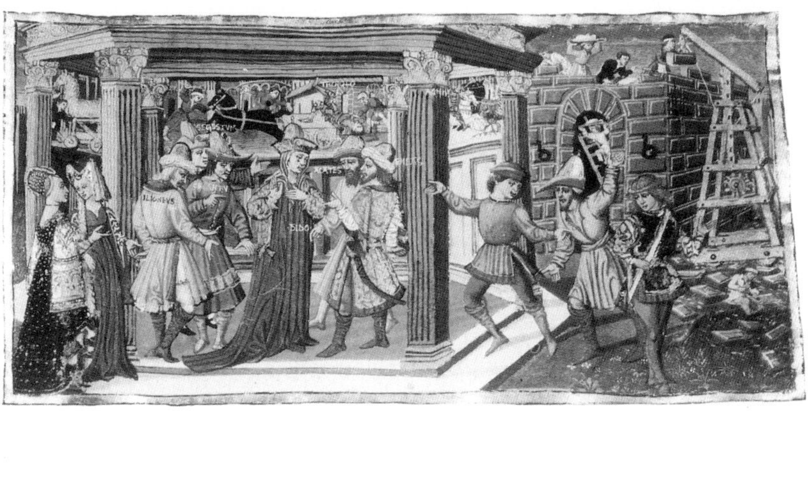

seiner Berufskollegen, auch die Bildkonzeption der Schlacht von San Romano verstanden hat. Sein Bildraum entspricht mit der den Hintergrund abschließenden Hecke demjenigen der Pariser Tafel, die Reitergruppe ist eine Zitatcollage direkter Übernahmen, vor allem solcher des Londoner Bildes.

Aufschlußreich werden die Vergleiche bei der Betrachtung einer anderen illuminierten Handschrift Apollonios, dem berühmten Vergil-Codex der Biblioteca Riccardiana in Florenz. Dieser Codex muß im Umkreis der Medici entstanden sein, zeigen doch einige Miniaturen detailgetreu den Bau eines Palastes, der dem Palazzo Medici kaum zufällig sehr ähnlich sieht *(Abb. 33, vgl. Abb. 21)*. Einmal auf diese Fährte gesetzt, birgt das Werk noch eine weitere Überraschung: Im Tempel der Dido ist über der Spalliera ein Bildfries mit drei (!) Szenen des Trojanischen Krieges installiert *(Abb. 34)*. Ganz rechts tötet Achill mit einer Lanze den Widersacher Hektor. Achill ist bis in Details eine Kopie des Reiters am äußersten linken Rand der Florentiner Tafel Uccellos. Diese Übernahme reflektiert also nicht nur ein Motiv, sondern – und dies ist das eigentlich Bedeutende – außerdem auch die Hängung der Bilder Uccellos im Erdgeschoßraum des Palazzo Medici.

Ein Sonderfall im Norden – Die »Alexanderschlacht« Altdorfers

Will man einen vergleichbaren Zyklus von Schlachtenbildern auf Holztafeln wie den Uccellos ausfindig machen, führt der Weg über die Alpen. Für den Münchener Hof entsteht in den Jahren von 1528 bis 1540, also knapp ein Jahrhundert später eine mindestens fünfzehn Tafeln umfassende Folge von Historienbildern. Albrecht

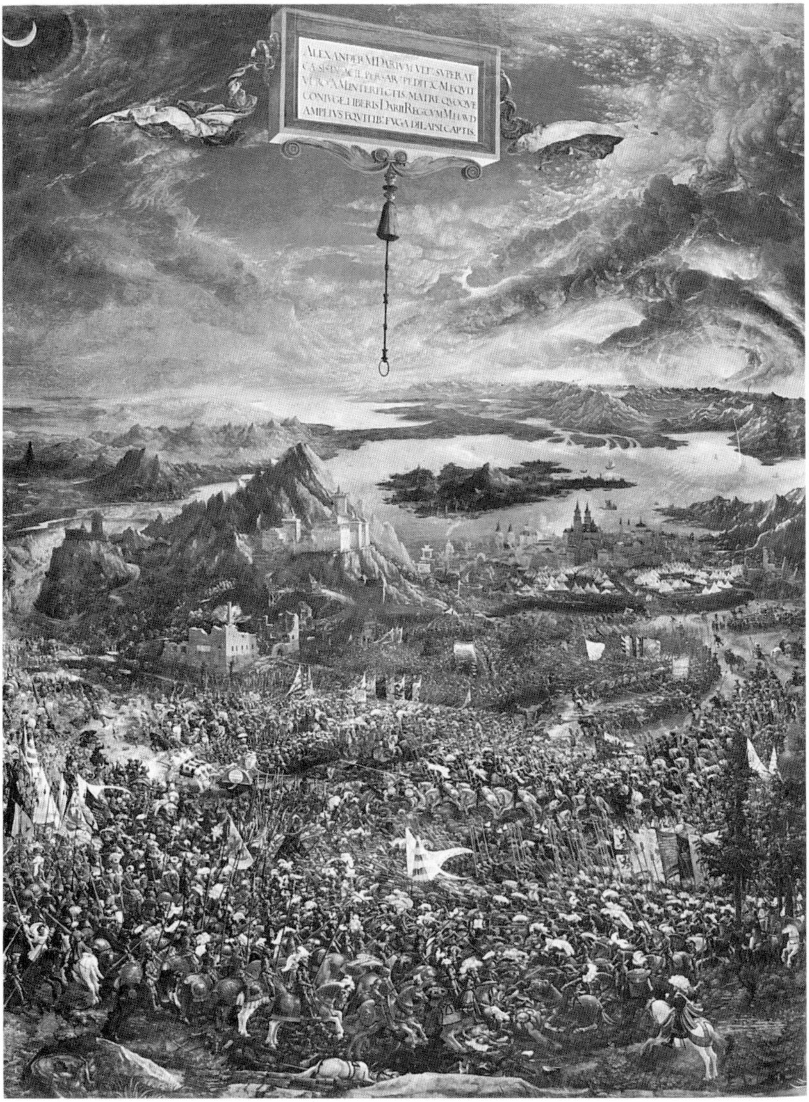

35 *Albrecht Altdorfer, Die Alexanderschlacht (1529), Öl auf Holz, 158 x 120 cm, München, Alte Pinakothek*

Altdorfers berühmte »Alexanderschlacht« ist das außergewöhnlichste Werk in diesem Zyklus (*Abb. 35*). Interessant genug ist schon der Umstand, daß das Fürstenpaar Herzog Wilhelm IV. und seine Gemahlin Jacobaea von Baden ebenso wie Cosimo eine Folge von detailüberfluteten, höchst dekorativen Schlachtenbildern in Auftrag geben, um ein Zimmer ihrer Münchener Residenz zu schmücken. Wählt Cosimo de' Medici jedoch als Thema ein Ereignis, das Teil der eigenen dynastischen Geschichte ist, wird am bayerischen Hof ein komplexes Programm entworfen, das nach humanistischer Manier antike Historienbilder zum Lob des heldenhaften Fürsten mit Motiven des Alten Testaments mischt, welche die Tugend der fürstlichen Gemahlin Jacobaea, insbesondere aber ihre Keuschheit herausstellen sollen.

Uccellos Nahsicht ist bei Altdorfer, im Zeitalter des Manierismus, bezeichnenderweise aufgegeben zugunsten einer Überblick bietenden Weltlandschaft. Kämpfen die Reiter Uccellos noch in ganz mittelalterlicher Weise einen individuellen Kampf Mann gegen Mann, so sind nun die anonymen Schlachtengruppen Altdorfers vereinzelte Wogen im panoramaartig aufwogenden Schlachtenmeer. Insofern reflektiert die Anordnung auch die Weiterentwicklung einer Kriegsführung, in der die kämpfenden Truppenteile nunmehr in Materialblöcken gegeneinander ins Feld geführt werden. Landschaft und Mensch, bei Uccello im Sinne der Renaissancetheorie noch strikt voneinander geschieden, gehen jetzt im Gesamtbild einer politischen Landschaft ineinander auf.

36 *Carlo Carrà, Il Cavaliere Rosso (um 1913), Tempera und Tusche auf Papier, 26 x 36 cm, Mailand, Pinacoteca di Brera (Collezione Juncker)*

37 *Carlo Carrà, Il Cavaliere Occidentale (um 1917), Öl auf Leinwand, 52 x 67 cm, Mailand, Pinacoteca di Brera (Collezione Mattioli)*

Die Wiederentdeckung im 20. Jahrhundert

Im frühen 20. Jahrhundert wird Uccello wiederentdeckt. Künstler wie Kunsthistoriker tragen zu der neuen Wertschätzung bei. In Frankreich und Italien entstehen mit Kubismus, Futurismus und »pittura metafisica« künstlerische Strömungen,

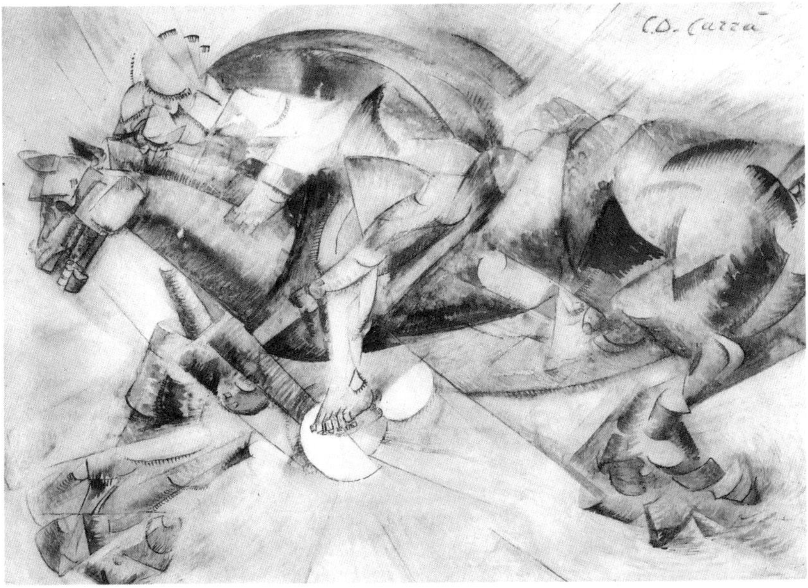
C.D. Carrà

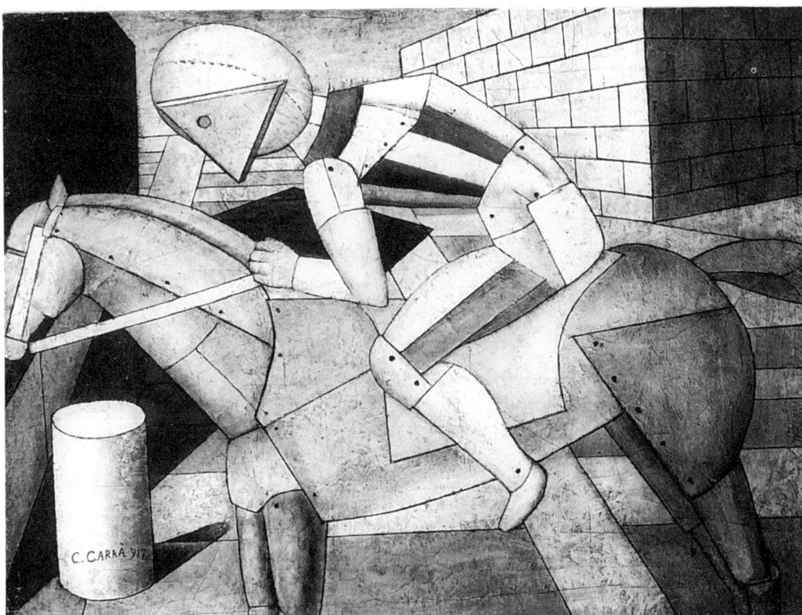
C. CARRÀ 917

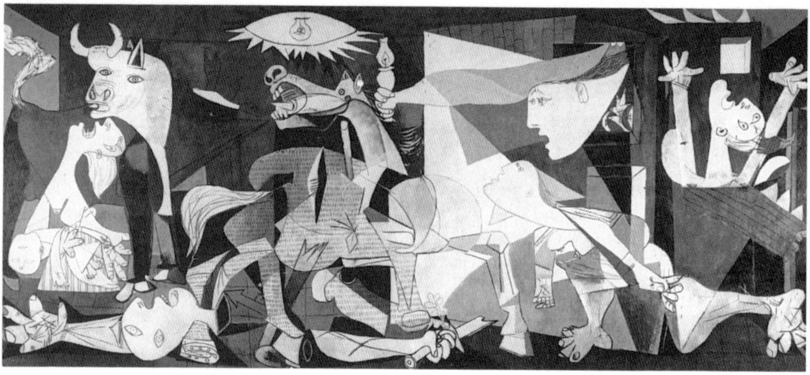

die theoretisch das Verhältnis von Bildraum zu Bildfläche, von Plastizität und Bewegung neu zu definieren versuchen. Sie beziehen sich in ihren theoretischen Abhandlungen vielfach auf Künstler des Quattrocento: Piero della Francesca und Uccello gelten als Vorläufer der eigenen künstlerischen Experimente. Die kunstgeschichtlichen Beiträge eines Roberto Longhi oder Lionello Venturi untermauern diese Sichtweise.

Carlo Carrà, einer der Vordenker der italienischen Malerei in der ersten Jahrhunderthälfte, weist immer wieder auf eine, wie er es ausdrückt, »tragische Plastizität« der Schlachten Uccellos hin, die in der Bildfläche aufgehe. Uccello ist für ihn der Konstrukteur einer synthetischen, gleichsam abstrakten Welt. Mit der Zeichnung vom »Cavaliere Rosso« von 1913 (Mailand, Pinacoteca di Brera) und dem »Westlichen Reiter« von 1917 (Mailand, Privatsammlung) verarbeitet er die Eindrücke der Schlachtenbilder Pieros und Uccellos in denkbar unterschiedlicher Art und Weise *(Abb. 36, 37)*: Lebt das eine Werk vom Dynamismus zersplitterter plastischer Formen, so setzt sich in dem späteren Gemälde der Pferdeleib aus plattigen Flächen zusammen, die wie aneinandergenietet anmuten, eine Technik, die typisch für die »pittura metafisica« werden sollte.

38 *Pablo Picasso, Guernica (1937), Öl auf Leinwand, 351 x 782 cm, Madrid, Museo del Prado*

39 *Paolo Uccello, Die Schlacht von San Romano (Ausschnitt), Paris, Louvre*

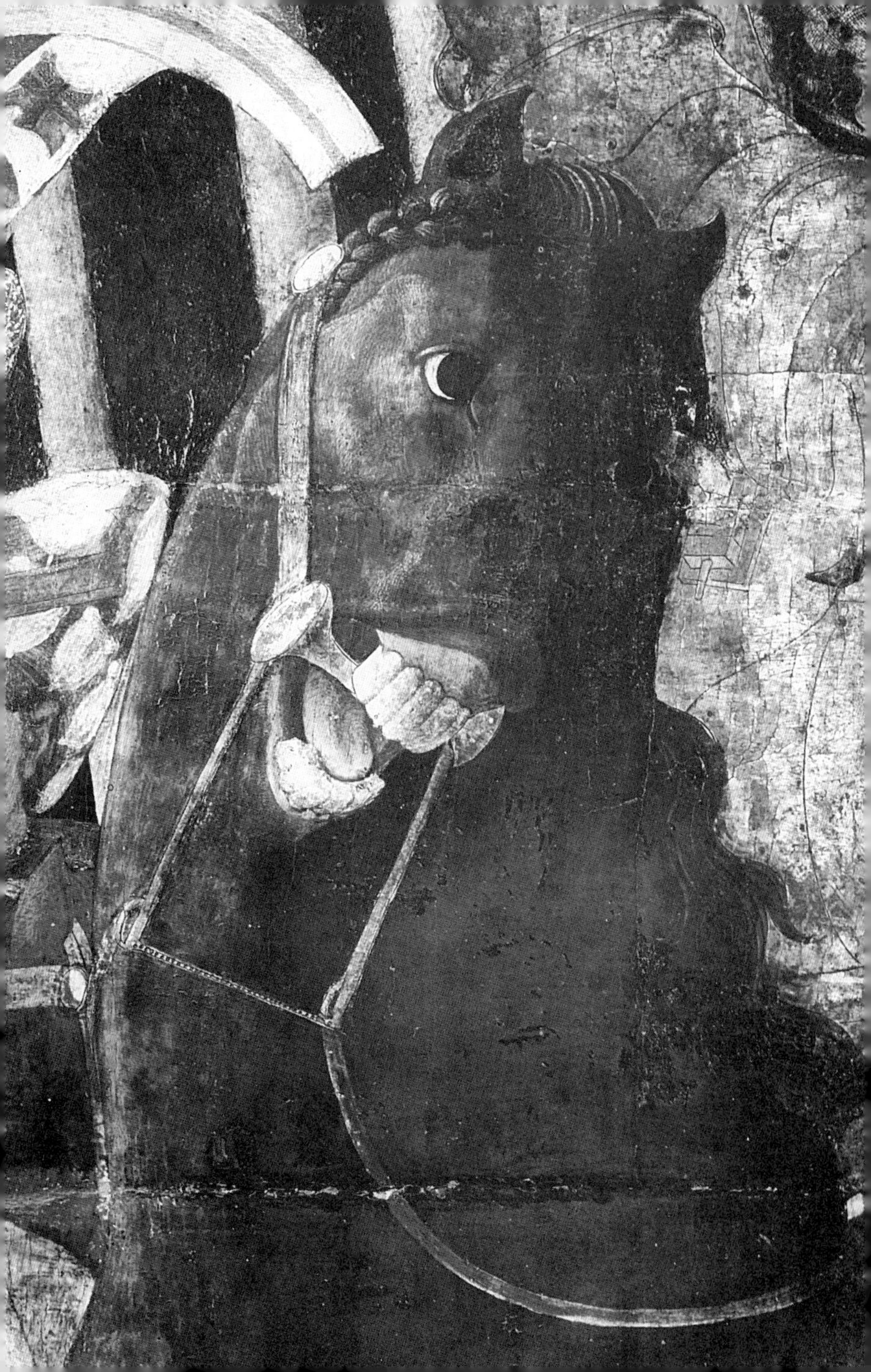

Die Rezeptionslinie der Bilder Uccellos läßt sich ausziehen bis zu einem der Hauptwerke der modernen Malerei, Pablo Picassos »Guernica« von 1937 *(Abb. 38)*. Picasso entwickelt alle künstlerischen Probleme, die bereits Uccello beschäftigt haben, mit äußerster Konsequenz weiter. Der zersplitterte Bildraum leugnet nicht seine Herkunft vom kastenartigen Aktionsraum der Renaissance, die grundsätzliche Dreiteilung der Leinwand mit der zentralen Flächenpyramide begegnet bereits in der Florentiner Tafel Uccellos. Motive wie die kreatürliche Individualisierung des Pferdes, der auf dem Boden Liegende mit dem zerbrochenen Schwert in der Hand, die schreienden Profilköpfe, finden sich bei Uccello bereits vorformuliert *(Abb. 39)*. Der spanische Maler geht aber in der humanistischen Unbedingtheit und Konsequenz dieser definitiven Schilderung individuellen wie kollektiven Leides weit über Uccello, aber auch über Piero hinaus – zwei Künstler, die konstituierend zu jener Tradition gehören, aus der Picasso hier seine künstlerische (wie politische) Summe zieht.
Die Nachwirkung der Bildschöpfungen Uccellos hält bis heute an. Der 1932 geborene Kolumbianer Fernando Botero besucht 1954 in Florenz die Vorlesungen des Kunsthistorikers Roberto Longhi und zeigt sich tief beeindruckt von den Werken Uccellos und Piero della Francescas, insbesondere vom Vermögen dieser Künstler, das Volumen der Form zu steigern. In seinen Gemälden, die vor figürlicher Plastizität zu bersten scheinen, begegnet immer wieder ein Reiter als Hommage an Uccello. Diese Figur hat Botero als »Pedro auf dem Pferd« 1977 auch als Skulptur ausgeführt. Uccellos Londoner Tafel gehört für Botero in ein Museum der 100 Meisterwerke. Die Argumente Carràs klingen noch nach, wenn Botero erklärt, Uccello sei der Erfinder einer neuen Wirklichkeit, welche die Logik und die akademischen Prinzipien von Komposition und Farbe sprenge.

Genau dies aber hatte den Kunstkritiker Vasari im 16. Jahrhundert so empfindlich gestört. Er konnte nicht gutheißen, daß Uccello auf seinen Bildern die Felder und Wiesen blau, eine Stadt aber in der Farbe Rot gemalt habe, und empfand dies als eine Beleidigung seines eigenen akademischen Geschmacks. Sein Urteil beruhte noch auf der stillschweigenden Übereinkunft, daß ein Künstler in jedem Fall »Realität«, wenn auch idealistisch überhöht, abbilden müsse.

Ein solches Verdikt hat in der Gegenwart keine Gültigkeit mehr. Der Werkbegriff der modernen Kunst wie auch der der zeitgenössischen Kunstgeschichte hat einen neuen Zugang zu den Schlachtenbildern Uccellos ermöglicht.

Anhang 1

Literatur zu den einzelnen Kapiteln

Übersichtsliteratur

Die drei Tafelbilder werden monographisch behandelt bei V. Gebhardt: Paolo Uccellos »Schlacht von San Romano« – Ein Beitrag zur Kunst der Medici in Florenz, Frankfurt/Main–Bern–New York–Paris 1991, dort umfassende Bibliographie S. 210–235. Vgl. die entsprechenden Abschnitte in den gängigen Monographien von W. Boeck: Paolo Uccello. Der Florentiner Meister und sein Werk, Berlin 1939; J. Pope-Hennessy: The complete work of Paolo Uccello, 2. Auflage, London 1969; E. Flaviano u. L. Tongiorgi Tomasi: L'opera completa di Paolo Uccello (Classici dell'Arte Rizzoli, Bd. 46), Mailand 1971; A. Parronchi: Paolo Uccello, Bologna 1974; A. Padoa Rizzo: Paolo Uccello. Catalogo completo, Florenz 1991 (= I gigli dell'arte, Bd. 17). Besonders gute Bebilderung in der neuesten Monographie von F. u. S. Borsi, Paolo Uccello, Stuttgart–Zürich 1993; Diskussion der jüngeren Literatur S. 308–313. Diese Übersetzung der frz. Ausgabe, Paris 1992, ist nicht fehlerfrei, weshalb im Zweifelsfall die frz. Ausgabe ebenfalls konsultiert werden muß (die im folgenden angegebenen Seitenangaben beziehen sich auf die dt. Ausgabe von 1993).

Zum Londoner Bild M. Davies: National Gallery Catalogues. The Earlier Italian Schools, London 1961, S. 525–531; J. Dunkerton, S. Foister, D. Gordon, N. Penny: Giotto to Dürer. Early Renaissance Painting in the National Gallery, London 1991, S. 282 ff.

Der Tag der Schlacht von San Romano

Grundlegend der Aufsatz von H. P. Horne: The battle-piece by Paolo Uccello in the National Gallery, in: The Monthly Review, Oct. 1901, S. 114–138. Horne gelingt erstmals der Nachweis, daß in der Tat die Schlacht von San Romano dargestellt ist, sowie die Identifikation der Condottieri.

In jüngerer Zeit G. Griffiths: The political significance of Uccello's »Battle of San Romano«, in: Journal of the Warburg and Courtauld Institutes 41, 1978, S. 313–316; R. Starn u. L. Partridge: Representing war in the Renaissance: The shield of Paolo Uccello, in: Representations 5, Spring 1984; sowie Gebhardt (unter Übersichtsliteratur), S. 51–82, dort eine Quellenauswahl S. 189–207.

Cosimo de' Medici – Der Auftraggeber Uccellos
Einführend in die Familiengeschichte der Medici der Beitrag von L. Pandimiglio in V. Reinhardt (Hrsg.): Die grossen Familien Italiens, Stuttgart 1992, S. 338–359.
Zum Aufstieg der Medici D. Kent: The rise of the Medici faction in Florence 1426–1434, Oxford 1978, sowie dies.: The dynamic of Power in Cosimo de' Medici's Florence, in: F. W. Kent u. P. Simons (Hrsg.): Patronage, art, and society in Renaissance Italy, Oxford 1987, S. 63–77. Die Herrschaftsmechanismen nach 1434 beschreibt N. Rubinstein: The government of Florence under the Medici (1434 to 1494), Oxford 1966. Vgl. ergänzend A. Molho: Cosimo de' Medici: Pater patriae or padrino, in: Stanford Italian Review, Spring 1979, S. 5–53.
Zur florentinischen Kriegsführung und zum Condotta-System M. Mallett: Mercenaries and their masters. Warfare in Renaissance Italy, London–Sydney–Toronto 1974, bes. S. 182–186 zur Schlacht von San Romano, sowie C. C. Bayley: War and society in Renaissance Florence. The ›De Militia‹ of Leonardo Bruni, Toronto 1961. Die Finanzpolitik der florentinischen Kommune und die besondere Rolle des Bankhauses der Medici beschreiben R. de Roover: The rise and decline of the Medici Bank, Cambridge (Mass.) 1963; A. Molho: Florentine public finances in the Early Renaissance. 1400–1433, Cambridge (Mass.) 1971.

Konzeption und Komposition – Das Spiel mit dem Bildraum
Keine der vorliegenden Monographien hat bisher eine detaillierte Analyse der Bildgestalt aller drei Tafeln vorgelegt, auch nicht die jüngste Arbeit von Borsi (unter Übersichtsliteratur). Ansätze zu einem Bildverständnis an eher abgelegener Stelle z. B. E. Sindona: Introduzione alla poetica di Paolo Uccello. Relazioni tra prospettiva a pensiero teoretico, in: L'Arte 17, 1972, S. 7–100, bes. S. 30 ff.; M. Raphael: Arbeiter, Kunst und Künstler, Dresden 1975, S. 59 ff. (Pariser Tafel); R. Kuhn: Komposition und Rhythmus. Beiträge zur Neubegründung einer Historischen Kompositionslehre, Berlin–New York 1980, bes. S. 40 u. 46 ff. Die Beobachtung der unterschiedlich verkürzt und unverkürzt gemalten Brokatstoffe bei Niccolò da Tolentino und Micheletto Attendoli bei J. N. O'Grady: An Uccello enigma, in: Gazette des Beaux-Arts 105, 1985, S. 99 bis 103.
Zur Datierung von Piero della Francescas Fresken in Arezzo eine Übersicht bei C. Ginzburg: Erkundungen über Piero. Piero della Francesca, ein Maler der frühen Renaissance. Berlin 1981, S. 39 ff. S. Bertelli: Piero della Francesca, Köln 1992, S. 186 ff. weist darauf hin, daß Piero möglicherweise Uccellos Schlachtenbilder gekannt hat.

Die Bildanalyse ist, wie auch diejenige bei Gebhardt (unter Übersichtsliteratur), S. 139–152, den Seherfahrungen verpflichtet, welche der Verfasser in den Seminaren bei Manfred Wundram, Gert Kreytenberg und dem 1988 viel zu früh verstorbenen Max Imdahl an der Ruhruniversität Bochum gewinnen konnte.

Schlachtenbilder im Privatpalast – Ein Affront gegen die Republik

Zu Schlachtendarstellungen in den öffentlichen Gebäuden der Toskana E. Carter Southard: The frescoes in Siena's Palazzo Pubblico, 1289–1539. Studies in imagery and relations to other Communal Palaces in Tuscany, Ph. D. thesis, Indiana University 1978.

Zu den Fresken Pisanellos in Mantua B. Degenhart: Pisanello in Mantua, in: Pantheon 31 (1973), S. 364–411, J. Woods-Marsden: French chivalric myth and Mantuan political reality in the ›Sala del Pisanello‹, in: Art History 8, 1985, S. 397–412.

Zur Ausmalung des Großen Ratssaales im heutigen Palazzo Vecchio in Florenz immer noch erhellende Seiten im klassischen Buch von M. Wackernagel: Der Lebensraum des Künstlers in der florentinischen Renaissance. Aufgaben und Auftraggeber, Werkstatt und Kunstmarkt, Leipzig 1938, S. 72 f.

Die Deutung der Orangen in ihrem Bezug zur Familie Medici bei H. Bredekamp: Sandro Botticelli. La Primavera. Florenz als Garten der Venus, Frankfurt a. Main 1988 (Reihe »kunststück«), S. 50 ff.

Uccellos »Sintflut« – Cosimo als Friedensstifter

Den Standardaufsatz hierzu liefert Sir E. H. Gombrich: Die Medici als Kunstmäzene. Ein Überblick über die Zeugnisse des 15. Jahrhunderts, in: ders.: Die Kunst der Renaissance I. Norm und Form, Stuttgart 1985, S. 51–78.

Die Verbindung zwischen dem Konzil von Florenz und dem Sintflut-Fresko Uccellos bei E. M. L. Wakayama: Per la datazione delle storie di Noë di Paolo Uccello: un'ipotesi di lettura, in: Arte Lombarda 61, 1982, S. 93–106; E. Marini O. P.: Il »Diluvio« di Paolo Uccello in S. Maria Novella ed il Concilio di Firenze (1439–1443), saggio d'iconoteologica storica, Pistoia 1992.

Die Entdeckung des Porträts Cosimos mit umfangreichen ikonographischen Anmerkungen bei V. Gebhardt: Ein Porträt Cosimo de' Medicis von Paolo Uccello. Zur Ikonologie der »Sintflut« im Chiostro Verde von Santa Maria Novella in Florenz, in: Pantheon 48, 1990, S. 28–35. S. a. den Katalogeintrag von Borsi (unter Übersichtsliteratur), S. 323 ff., leider ohne Berücksichtigung der neuesten Literatur.

Der Neubau des Palazzo Medici

Zum Palazzo Medici insbesondere G. Cherubini u. G. Fanelli (Hrsg.): Il Palazzo Medici-Riccardi di Firenze, Florenz 1990. Darin gut informierende Beiträge zur Baugeschichte des Palastes, zu den Bauaktivitäten Cosimos, zur inneren Raumaufteilung des Palastes usw. Zur Entwicklung des Palastbaus in Florenz R. A. Goldthwaite: The Florentine palace as domestic architecture, in: American Historical Review 77, 1972, S. 977–1012, sowie ders.: The building of Renaissance Florence. An economic and social history, Baltimore–London 1980.

Piero di Cosimo – Die Vollendung des Zyklus

Das Inventar des Palazzo Medici von 1492 im Staatsarchiv Florenz, Mediceo avanti il Principato, Filza CLXV, in zwei maschinenschriftlichen Abschriften zugänglich im Kunsthistorischen Institut, Florenz sowie im Warburg Institute, London (dort mit handschriftlichen Anmerkungen von Aby Warburg). Erstmals hat sich mit dem Inventar systematisch beschäftigt E. Müntz: Les collections de Médicis au XVe siècle. Le Musée – La bibliothèque – Le Mobilier. Appendice aux précurseurs de la Renaissance, Paris 1888. Eine zusammenhängende Darstellung der Kunstwerke des Palastes bei J. Alsop: The rare art traditions, New York 1982. Der (gescheiterte) Versuch einer programmatischen Deutung der »chamera terrena« und ihrer im Inventar genannten Kunstwerke bei C. del Bravo: Etica o poesia, e mecenatismo: Cosimo Il Vecchio, Lorenzo e alcuni dipinti, in P. Barocchi u. G. Ragioneri (Hrsg.): Gli Uffizi – Quattro secoli di una galleria (Convegno Internazionale di Studi, Firenze 20.–24. 9. 1982), Florenz 1983, S. 201–216. Zur Differenzierung des Mäzenatentums Cosimos und Pieros Gebhardt (unter Übersichtsliteratur), S. 101 ff. Wichtigste Quelle ist hier Antonio Filarete: Tractat über die Baukunst nebst seinen Büchern über die Zeichenkunst und den Bauten der Medici (Hrsg. W. von Oettingen), Berlin 1890 (= Quellenschriften zur Kunstgeschichte und Kunsttechnik des Mittelalters und der Neuzeit, Bd. 3 N. F.), S. 666 ff. Filarete schildert Piero dort als einen Mann, der von Gicht so stark geplagt sei, daß er, ans Haus gefesselt und meist sitzend, immer wieder von neuem seine Kunstwerke betrachtet habe.

Die Bedeutung des Herkules-Mythos für Florenz bei L. D. Ettlinger: Hercules Florentinus, in: Mitteilungen

des Kunsthistorischen Instituts in Florenz 16, 1972, S. 119–142; ausführliche Diskussion der übrigen Herkules-Literatur bei Gebhardt (unter Übersichtsliteratur), S. 107 ff.
Zur Bedeutung des Zuges der Heiligen Drei Könige von Benozzo Gozzoli in der Medicikapelle A. Beyer: Der Zug der Könige. Studie zum Ausstattungsprogramm der Kapelle des Palazzo Medici, Diss. Frankfurt a. M. 1985. Vgl. R. Hatfield: The Compagnia de' Magi, in: Journal of the Warburg and Courtauld Institutes 33, 1970, S. 107–161.

Lorenzo der Prächtige – Der vollendete Zyklus
Die Annahme, Lorenzo habe die Schlachten lediglich noch als »Überrest der Vergangenheit, als Sammlerobjekt, als Familienerinnerung« erlebt, bei Borsi (unter Übersichtsliteratur), S. 131. Der Besuch Sforzas bei R. Hatfield: Some unknown descriptions of the Medici Palace in 1459, in: Art Bulletin 52, 1970, S. 232–249.

Auf dem Weg ins Museum
Zur Geschichte der Bilder Uccellos nach 1492 S. M. Trkulja: Vicende ignorate della »Battaglia di San Romano«, in: Paragone 26, Nr. 309, 1975, S. 108–111; Gebhardt (unter Übersichtsliteratur), S. 23 ff. Zur Neuordnung der Uffizien Alsop (unter Piero di Cosimo – Die Vollendung des Zyklus), S. 118 ff. sowie M. Gregori: Luigi Lanzi e il riordinamento della galleria, in: P. Barocchi: Gli Uffizi . . ., (unter Piero di Cosimo . . .), S. 367–393.

Nachwirkung in Italien – Hochzeitstruhen und Buchmalerei
Grundlegend der Aufsatz von E. H. Gombrich: Apollonio di Giovanni und ein humanistisches Zeugnis über eine Florentiner Cassonewerkstatt, in ders.: Die Kunst der Renaissance I, (unter Uccellos »Sintflut«), S. 24–43 (erstmals publiziert 1966). Gutes Bildmaterial und Hinweise auf Einflüsse Uccellos bei E. Callmann: Apollonio di Giovanni, Oxford 1974. Zur Vergil-Handschrift P. d'Ancona: La miniatura fiorentina (secoli XI–XVI), Florenz 1914, Bd. 1, S. 67 u. Bd. 2, S. 519–525. Die direkte Verbindung zu Uccellos Schlachtenbildern erstmals belegt bei Gebhardt (unter Übersichtsliteratur), S. 173 f.

Ein Sonderfall im Norden – Die »Alexanderschlacht« Altdorfers
B. Eschenburg: Altdorfers »Alexanderschlacht« und ihr Verhältnis zum Historienzyklus Wilhelms IV., in: Zeit-

schrift des Deutschen Vereins für Kunstwissenschaft 33, 1979, S. 36 ff. sowie G. Goldberg: Die Historienbilder des bayerischen Herzogs Wilhelm IV. und seiner Gemahlin Jacobaea, München 1983.

Die Wiederentdeckung im 20. Jahrhundert

K. Clark: Paolo Uccello and Abstract Painting, in ders.: The Art of Humanism, London 1983, S. 43–76.
Erwähnungen Uccellos in den theoretischen Schriften von C. Carrà: Tutti gli scritti (hrsg. von M. Carrà), Mailand 1978, S. 78, 115, 142, 302, 317 ff., 332.
Zu Picassos Meisterwerk M. Imdahl: Guernica, Frankfurt 1985; F. D. Russells: Picasso's Guernica. The labyrinth of narrative and vision, London 1980, mit einer Veröffentlichung aller Vorstudien.
Zu Botero einführend der Ausstellungskatalog W. Spies (Hrsg.): Fernando Botero. Bilder – Zeichnungen – Skulpturen, München 1986, bes. S. 22 u. 33. Der Einschluß der Londoner Tafel ins ZEITmuseum der 100 Bilder, ZEITmagazin vom 16. 9. 1988 (Text von Fernando Botero).
In jüngster Zeit hat der englische Künstler Victor Pasmore in einer Ausstellung der Londoner National Gallery die Londoner Tafel Uccellos mit den »Badenden« von G. Seurat und der »Taufe Christi« von Piero della Francesca in einem Raum konfrontiert; hierzu V. Pasmore: The artist's eye – Victor Pasmore. An exhibition of National Gallery paintings selected by the artist (National Gallery, 4. 7.–7. 10. 1990), London 1990, S. 10 f.

Anhang 2

A. *Ergebnisse der technischen Untersuchung – Die Datierung des Zyklus*

Der italienische Kunsthistoriker Umberto Baldini hat als erster darauf hingewiesen (Restauri di dipinti fiorentini in occasione della mostra di Quattro Maestri del Rinascimento, in: Bollettino d'Arte 39, 1954, S. 221–240), daß die Tafeln Uccellos in zwei Schritten entstanden sein müssen. Er entdeckt bei der Restaurierung des Florentiner Bildes Anstückungen der oberen Ecken *(Abb. 40)*, die sich sowohl

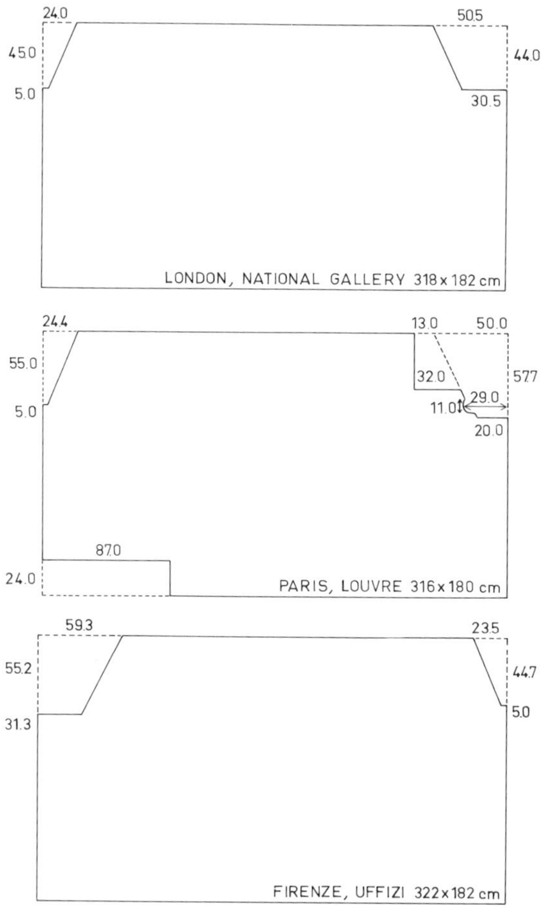

40 *Paolo Uccello, Die Schlacht von San Romano, Aufmessung der Tafeln mit ihren Anstückungen (Gebhardt, 1991)*

von der Rückseite im unterschiedlichen Verlauf dieser Holzplanken, wie auch an der Vorderseite nachweisen lassen. Risse in der Malschicht entsprechen in etwa den Grenzen der hölzernen Anstückungen. Die jüngste Diskussion dokumentiert bei P. Joannides: Paolo Uccello's »Rout of San Romano«: a new observation, in: The Burlington Magazine 131, 1989, S. 214–216; als Antwort darauf V. Gebhardt: Some problems in the reconstruction of Uccello's »Rout of San Romano« cycle, in: The Burlington Magazine 133, 1991, S. 179–185.
Auch wenn neuere Restaurierungsergebnisse der Florentiner Tafel noch ausstehen, deuten alle bisherigen technischen Analysen der Tafeln in London und Paris darauf hin, daß die Maltechnik auf den Anstückungen wie auf den Hauptfeldern identisch ist, auch wenn spätere, teilweise noch nicht entfernte Übermalungen das Bild verunklären. Ohne die kontroversen Diskussionen der letzten dreißig Jahre hier im Detail nachzuvollziehen, haben diese Restaurierungsergebnisse weitreichende Konsequenzen:
1. Die Anstückungen der oberen Ecken legen nahe, daß der Bildfries ursprünglich genau zwischen die das Gewölbe stützenden Konsolen eines Raumes eingepaßt werden sollte. Weil die Anstückungen ebenfalls von Uccello bemalt wurden, müssen wir davon ausgehen, daß die Tafeln in ihrer heutigen, rechteckigen Form in der »chamera terrena« des *neuen* Palazzo Medici aufgehängt wurden.
2. Die Tafeln ohne Anstückungen waren demnach am ehesten für einen Raum im *alten* Palazzo Medici bestimmt, der eine Hängung zwischen Konsolen tatsächlich nötig machte. Weil der neue Palast ab 1444 gebaut wird, ist folglich der Auftrag an Uccello früher ergangen. Als Zeitraum kommt die Spanne von 1432 (Datum der Schlacht) bis deutlich vor 1444 in Frage, da es nicht logisch scheint, daß für den alten Palast noch ein künstlerischer Auftrag erteilt wird, wenn der neue bereits in Planung ist.
3. Die Datierung des Auftrags engt sich noch weiter ein: L. G. Boccia (Le armature di Paolo Uccello, in: Arte 11/12, 1970, S. 55–91) datiert die Rüstungen Uccellos in die Zeit von 1435–1440. Der englische Waffenexperte Claude Blair bestätigte in einer brieflichen Mitteilung an den Vf. freundlicherweise die Datierung um 1440.
1435 entscheidet sich der Vorstand des Florentiner Doms, den Condottiere Niccolò da Tolentino mit einem Standbild zu ehren. Der Auftrag Cosimos an Paolo Uccello ist also am ehesten in die Zeit von 1435 bis spätestens 1440 zu datieren, s. a. Borsi (unter Übersichtsliteratur), S. 309 sowie Starn/Partridge (unter Der Tag der Schlacht von San Romano), S. 36, 58 f.
4. Die Pariser Tafel unterscheidet sich deutlich von den übrigen Bildern des Zyklus. Auch wenn stilkritische Verglei-

che bei Uccello ihre Tücken haben, verbindet die Pariser Tafel doch mehr mit den Werken Uccellos aus der Zeit von 1435 bis 1445 als mit den späteren Gemälden: Fresken in Prato nach Borsi (unter Übersichtsliteratur), S. 298 ff. um 1435 (die bunten Kiesel auf dem Boden), Reiterfresko des John Hawkwood von 1436 (*Abb. 6*, identisches Zaumzeug des Pferdes, ähnliche Rüstung) und Domuhr von 1443 (Kopf des Armbrustspanners rechts auf dem Pariser Bild).

5. Über die Londoner bis zur Florentiner Tafel läßt sich ein stilistischer Wandel erkennen, die Figuren werden kleiner, die Komplexität der Komposition nimmt zu.

Es ist denkbar, daß bereits um 1440 alle Holztafeln gezimmert sind und der Auftrag nach dem Bemalen der Pariser Tafel erst einmal ruht, bis die Maße des Raumes im neuerbauten Palazzo Medici geklärt sind. Weil 1452 bereits Künstler für die Bemalung der Innenhofwände ihre Bezahlung erhalten, kann sich Uccello wohl spätestens um 1450 wieder an die Arbeit machen, wahrscheinlich schon zwei bis drei Jahre früher: Die drei Tafeln werden gemeinsam zu ihren heutigen rechteckigen Formen ergänzt, die Tafeln in London und Florenz bemalt.

Der gesamte Schaffensprozeß der »Schlacht von San Romano« zieht sich also über einen Zeitraum von zehn bis fünfzehn Jahren hin.

B. *Die Hängung der Bilder in der »chamera terrena« des Palazzo Medici*

Karl Frey hat bereits 1907 die exakte Lage der »chamera terrena« (in *Abb. 41* mit A gekennzeichnet) im Erdgeschoß des Palazzo Medici beschrieben (Michelagniolo Buonarotti. Quellen und Forschungen zu seiner Geschichte und Kunst. Bd. 1. Michelagniolos Jugendjahre, Berlin 1907, S. 44). Seit den Forschungen von W. Bulst sollten die Erkenntnisse zur Raumaufteilung des Palastes sowie zur Funktion der einzelnen Räume Allgemeingut sein, auch wenn die Uccello-Forschung sie erst in jüngster Zeit zur Kenntnis nimmt (W. Bulst: Die ursprüngliche Raumaufteilung des Palazzo Medici in Florenz, in: Mitteilungen des Kunsthistorischen Institutes in Florenz 14, 1969/70, S. 369–392, bes. S. 373, sowie ders.: Uso e trasformazione del palazzo mediceo fino ai Riccardi, in: G. Cherubini u. G. Fanelli, Il Palazzo Medici-Riccardi di Firenze, Florenz 1990, bes. S. 109–112).

Im Inventar von 1492 wird ein Bilderfries von insgesamt 24,36 Metern Länge in der »chamera terrena« beschrieben. Neben den drei Tafeln der »Schlacht von San Romano« sind es noch eine »Geschichte des Paris«, ein »Kampf von Drachen und Löwen«, beide von Uccello, sowie eine

41 *Grundriß des Palazzo Medici-Riccardi, Florenz (aus C. von Stegmann, H. von Geymüller: Die Architectur der Renaissance in Toscana, München 1888–93, Bd. 2, S. 12. Die »chamera terrena« ist mit A markiert)*

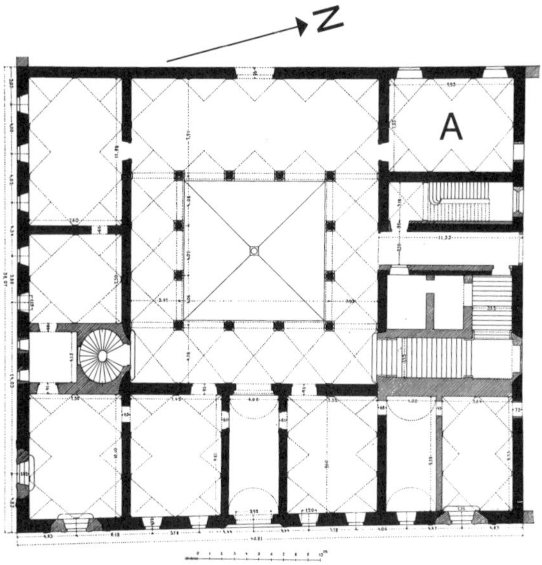

»Jagd« Pesellinos. Die drei letztgenannten Gemälde sind verloren.

Die räumlichen Abmessungen der »chamera terrena« legen nahe, daß die drei Tafeln Uccellos als Triptychon an der Ostwand des Raumes gehangen haben *(Abb. 42)*, da nur diese drei zusammenhängende Wandfelder aufweist (Joan-

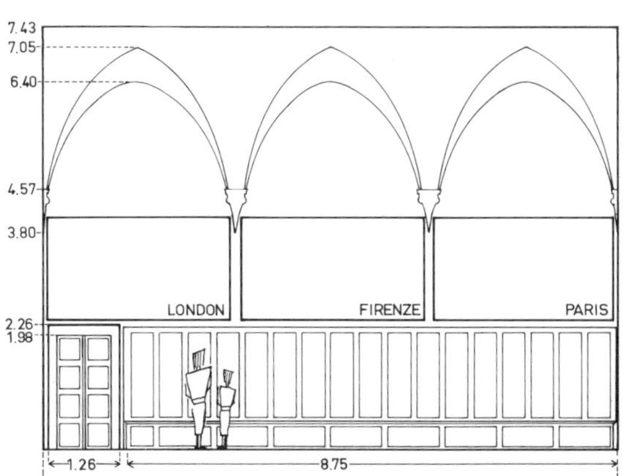

42 *Palazzo Medici in Florenz, Rekonstruktion der Ostwand der »chamera terrena« (Gebhardt, 1991)*

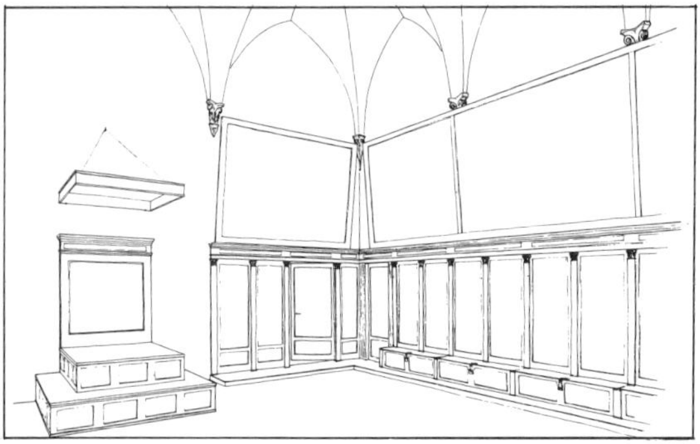

43 *Palazzo Medici in Florenz, Rekonstruktion der Nordostecke der »chamera terrena« (E. Trenci 1992, aus Morolli et. al.: L'Architettura di Lorenzo Il Magnifico, a.a.O., S. 126)*

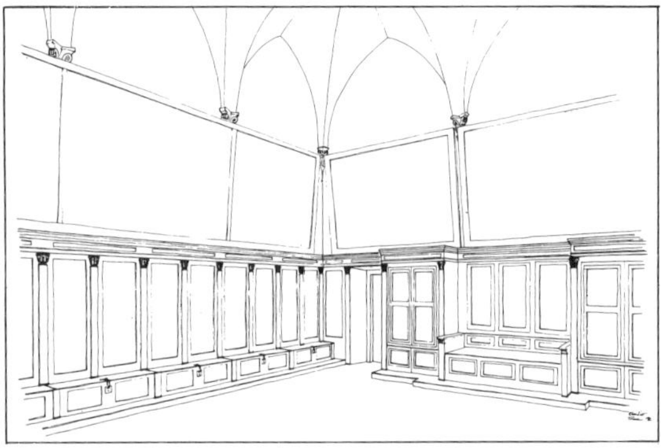

44 *Palazzo Medici in Florenz, Rekonstruktion der Südostecke der »chamera terrena« (E. Trenci 1992, aus Morolli et. al.: L'Architettura di Lorenzo Il Magnifico, a.a.O., S. 126)*

nides, s. o.; Bulst, 1990, s. o., S. 110, s. a. Anm. 171). Leider ist die Höhe der Spalliera im Inventar nicht angegeben, eine wohl noch original erhaltene Tür des Quattrocento kann jedoch als Maß für die Höhe der Spalliera gelten. Es ist fraglich, ob die im Inventar mit 2,03 Metern angegebene Höhe der Bilder die Rahmung einschließt (die heutigen Bilder sind circa 20 cm niedriger ohne Rahmen und möglicherweise oben leicht beschnitten). Eine im Inventar ebenfalls mit der exakten Länge genannte Sitzbank läßt sich problemlos unter die Spalliera stellen. Auch wenn die Rekonstruktion mit einigen Fragezeichen zu versehen ist, ergibt sich doch ein guter Eindruck von der ursprünglichen Wirkung der Ostwand des Raumes.
Im Rahmen der Ausstellung zum 500. Todestag Lorenzo de' Medicis 1992 hat man in einem ganz ähnlichen Raum im Findelhaus des Brunelleschi in Florenz eine Rekonstruktion der »chamera terrena« nach den Vorgaben des Inventars versucht (G. Morolli, C. Acidini Luchinat, L. Marchetti: L'architettura di Lorenzo Il Magnifico (Firenze, Spedale degli Innocenti, 8 aprile–26 luglio 1992),

Florenz 1992; dort der Beitrag A. M. Amonaci, A. Baldinotti: La »chamera grande terrena« di Lorenzo in Palazzo Medici. Ipotesi di ricostruzione, S. 126–128).
Zu diesem Zweck wurden aufwendig die Spalliera sowie weitere, mit ihren Maßen vom Inventar genannte Möbelteile angefertigt, sowie Reproduktionen von Uccellos Tafeln in Originalgröße aufgehängt (Farbabb. bei Borsi (unter Übersichtsliteratur), S. 214). Der Blick in die Nordost- bzw. Südostecke *(Abb. 43 u. 44)* zeigt eine ganz ähnliche Rekonstruktion der Tafeln über Sitzbank und Spalliera. Die Berechnungen der Höhen sind allerdings etwas unterschiedlich vorgenommen worden. Die Autorinnen vermuten deshalb, daß die Tafeln leicht nach vorne gekippt aufgehängt waren, um Platzproblemen mit den Wandkonsolen auszuweichen.

Biographie Paolo Uccellos nach zeitgenössischen Quellen

1397 Geburt in Florenz.

1408 Gehilfe Lorenzo Ghibertis bei dessen Arbeit an der ersten Baptisteriumstür in Florenz. Ausbildung in Ghibertis Werkstatt bis um 1416.

1415 Mitglied der Arte dei Medici e degli Speziali.

1424 Mitglied der Compagnia dei pittori di San Luca.

1425 bis 1430 tätig in Venedig.

1431 Rückkehr nach Florenz.

1432 Erkundigungen der Florentiner Domherren bei dem Florentiner Botschafter in Venedig über Uccellos künstlerische Aktivitäten in der Lagunenstadt. Uccello wird als Mosaikkünstler bezeichnet.

1434 Kauf eines Hauses in Florenz.

1436 Arbeit am Reiterfresko des John Hawkwood im Florentiner Dom *(Abb. 6)*.

1442 Die Eintragungen im Kataster der Stadt Florenz verweisen auf eine stabile ökonomische Lage Uccellos. Er besitzt zwei Häuser sowie ein separates Atelier.

1443 Arbeit an der Domuhr in Florenz.

1443 bis 1445 Zahlungen für die Glasfenster im Florentiner Dom.

1450 Zahlung für ein Tabernakel in San Giovanni, Florenz (verloren).

1452 Hochzeit mit der 19jährigen Tommasa di Benedetto Malifici.

1453 Geburt des Sohnes Donato. Uccello malt den Seligen Andrea Corsini für die Bibliothek des Florentiner Doms (verloren).

1454 Zahlung für ein Kruzifix im Refektorium des Klosters San Miniato al Monte in Florenz.

1456 Geburt der Tochter Antonia. Zusammenarbeit mit dem Glasmaler Bernardo di Francesco für zwei Glasfenster.

1465 bis 1468 Aufenthalt in Urbino. Zahlungen für die Arbeit an der Hostienpredella für den Hochaltar der Chiesa del Corpus Domini in Urbino.

1469 Wieder in Florenz. Die Eintragung im Catasto vom 9. August deutet auf die zunehmende Verarmung des Künstlers hin.

1475 Testament. Uccello stirbt und wird am 12. Dezember in der Kirche Santo Spirito in Florenz beigesetzt.

Erklärung einiger wichtiger Fachausdrücke

Cassone
Hochzeitstruhe, in der am Hochzeitstag die Mitgift der Braut zum Haus des Bräutigams getragen wurde. Im florentinischen Quattrocento sind die Vorderfronten der Cassoni mit Szenen bemalt, über welche die Tugenden der Frau und die Stärken des Mannes herausgestellt werden sollten. Themen sind antike Schlachten, Turniere, Novellen des Trecento.

Commune
Bezeichnung für die italienischen Stadtrepubliken.

Compagnia dei Magi
Eine religiöse Vereinigung in Florenz, die von den Medici unterstützt wird. Die »Magi« sind die Heiligen Drei Könige. Der Zug nach Bethlehem wurde jährlich als Festumzug veranstaltet und führte am Palazzo Medici vorbei.

Condottiere
Von der kriegsführenden Partei gemieteter Feldherr, der sich für einen genau definierten militärischen Einsatz oder eine bestimmte Zeitspanne mit seinen Söldnern zur Verfügung stellt.

Cosmaten
Gruppe römischer Künstler, die vom 12. bis zum 14. Jahrhundert Mosaikarbeiten in Marmor ausführt. Die Form ihrer Dekorationen wird als Cosmatenarbeit bezeichnet. Berühmt geworden sind vor allem die reich gestalteten Fußböden mit Porphyreinlagen und Glasflüssen, aber auch Chorausstattungen mit Kanzeln, Leuchtern usw.

Dugento
Italienische Bezeichnung für das 13. Jahrhundert.

Goldenes Zeitalter
In der römischen Literatur bei Ovid und Vergil Bezeichnung für die höchste und glücklichste Form menschlichen Zusammenlebens, gemünzt auf das Zeitalter des Augustus. Der Begriff wurde vom italienischen Humanismus aufgegriffen und als Utopie weiterentwickelt.

Mazocchio
Holzring mit meist achteckigem oder zwölfeckigem Querschnitt und entsprechend gebrochenen Kanten, der auf dem Kopf getragen und zu diesem Zweck mit einer Art Turbantuch umwickelt wurde. Die Darstellung ist häufig auf Werken Uccellos *(Abb. 20 und Falttafel)*, geradezu ein Markenzeichen seiner Kunst; auch in mehreren, Uccello oder Piero zugeschriebenen Zeichnungen überliefert, da er sich als komplizierter geometrischer Körper dazu anbot, die Perspektivbeherrschung zu demonstrieren.

Pittura infamante
»Schandmalerei«, bezeichnet die im italienischen Mittelalter häufige Bemalung von öffentlichen Gebäuden oder Kirchen mit den Bildnissen von Staatsfeinden, geächteten oder verurteilten Personen.

Pittura metafisica
Strömung der italienischen Malerei in der ersten Hälfte des 20. Jahrhunderts, die vor allem durch traumphantastische Bilder von Stadtplätzen bekannt geworden ist. Ihr Hauptvertreter ist Giorgio de Chirico.

Quattrocento
Italienische Bezeichnung für das 15. Jahrhundert.

Spalliera
Wandverkleidung im italienischen Palast, im Quattrocento meist eine circa zwei Meter hohe, hölzerne Wandvertäfelung. Mit dem Begriff können aber auch textile Wandbespannungen bezeichnet werden.

Tafelbild
Der Bildträger ist aus Holztafeln aufgebaut. Im Falle der Tafeln der Schlacht von San Romano sind jeweils sieben bis acht Holzplanken aneinandergefügt worden. Um einen ebenen Malgrund zu erzielen, wird auf die Tafeln eine meist recht starke Grundierung aufgetragen. Weil Holz als Material »arbeitet«, ergeben sich im Lauf der Zeit horizontale oder vertikale Risse in der Malschicht. Das Tafelbild wird seit dem 16. Jahrhundert zunehmend vom Leinwandbild abgelöst.

Temperamalerei
Malerei mit Farben, die in einem eihaltigen Bindemittel gelöst sind und mit Wasser verdünnt werden können. Nach dem raschen Trocknen sind Temperafarben nicht mehr wasserlöslich. Die Temperamalerei wird im Verlauf des späten 15. Jahrhunderts auch in Italien zunehmend von der Ölmalerei abgelöst.

Trecento
Italienische Bezeichnung für das 14. Jahrhundert.

Typologie
Im Mittelalter von der scholastischen Philosophie propagierte Gegenüberstellung von alt- und neutestamentlichen Szenen, beliebt vor allem bei der Ausgestaltung gotischer Kathedralen (Portale, Glasfenster).

Bedeutende Werke Paolo Uccellos in europäischen Sammlungen

Dublin, National Gallery
Maria mit Kind
Florenz, Accademia
Thebais
– Museo Arcivescovile del Cestello
Predella aus San Bartolomeo a Quarata
– Museo di San Marco
Maria mit Kind (abgenommenes Fresko)
Predella von Avane
– Uffizien
Die Schlacht von San Romano, Mitteltafel
Anbetung aus S. Martino alla Scala (abgenommenes Fresko und Sinopie)
Karlsruhe, Staatliche Kunsthalle
Anbetung mit drei Heiligen
London, National Gallery
Die Schlacht von San Romano, linke Tafel
Hl. Georg mit dem Drachen
Madrid, Sammlung Thyssen-Bornemisza
Kreuzigung mit Heiligen
Oxford, Ashmolean Museum
Jagd
Urbino, Palazzo Ducale
Predella mit der Hostienlegende
Paris, Musée Jacquemart-André
Hl. Georg mit dem Drachen
Paris, Musée du Louvre
Die Schlacht von San Romano, rechte Tafel

Am ursprünglichen Ort

Bologna, San Martino Maggiore
Anbetung Christi (Fresko)
Florenz, Dom
Reiterbild des John Hawkwood (Fresko)

Domuhr (Fresko)
Anbetung Christi (Glasfenster)
Auferstehung Christi (Glasfenster)
– Santa Maria Novella, Grüner Kreuzgang
(Chiostro Verde)
Erschaffung der Tiere und Adams (Fresko)
Erschaffung Evas und Sündenfall (Fresko)
Sintflut (Fresko)
Opfer und Trunkenheit Noahs (Fresko)
– San Miniato al Monte, Kreuzgang
Freskenzyklus mit Mönchslegenden.
Prato, Dom
Freskenzyklus der Cappella dell'Assuntà

Bildnachweis

Berlin, Staatliche Museen Preußischer Kulturbesitz 25
Bern, Historisches Museum 10
Florenz, Archivi Alinari 5, 6, 15–17, 21, 22, 26
Florenz, Arte & Immagini Falttafel 2, Umschlagrückseite
Florenz, Silvana Editoriale 43, 44
London, British Museum 28
London, National Gallery Umschlagvorderseite, Falttafel 1, 2, 7–9, 11–13, 18, 31
Madrid, Museo del Prado/© VG Bild-Kunst, Bonn 1993 38
München, Alte Pinakothek 35
New York, Pierpont Morgan Library 29
Oxford, Ashmolean Museum 14
Paris, Musées Nationaux Falttafel 3, 3, 39

Alle anderen Abbildungen stammen aus dem Archiv des Autors.

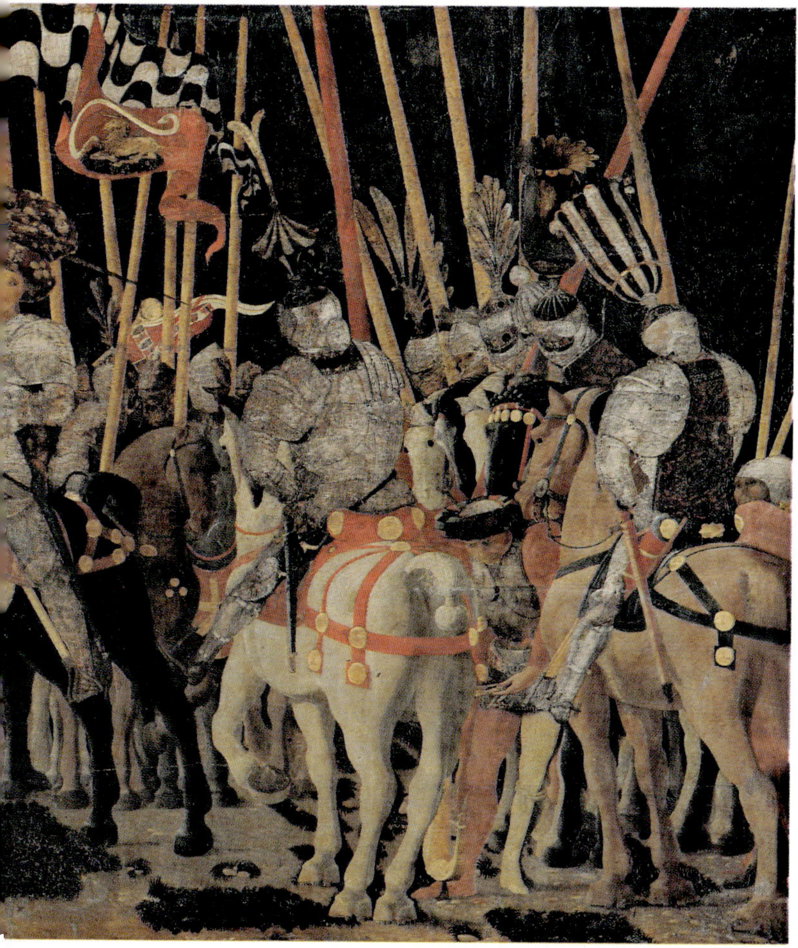

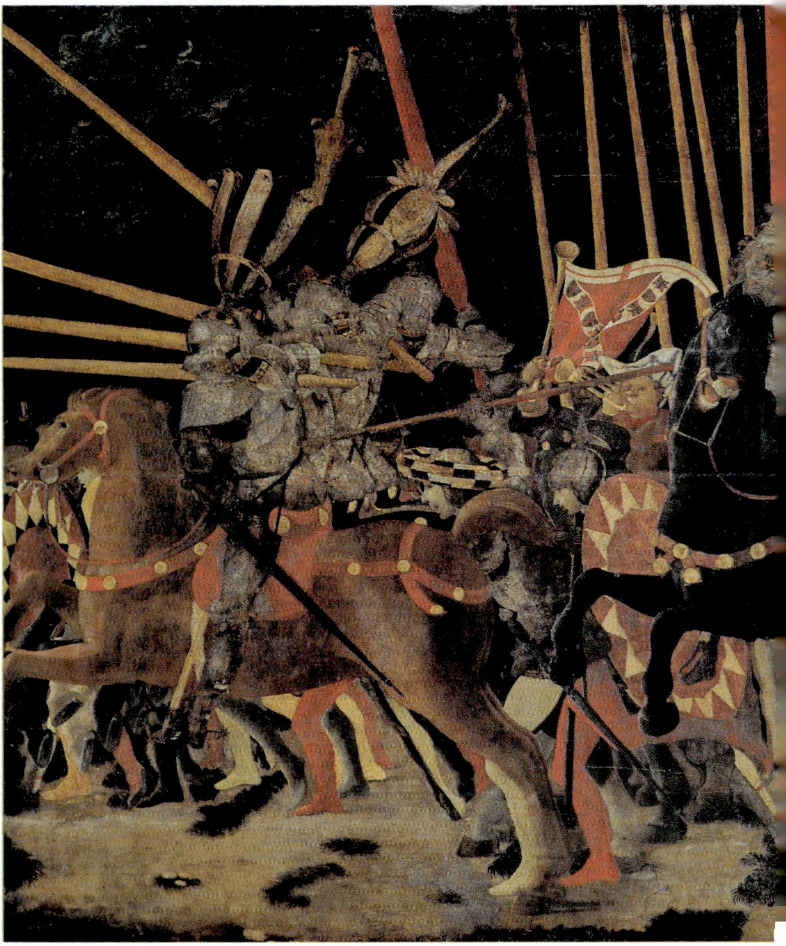

3

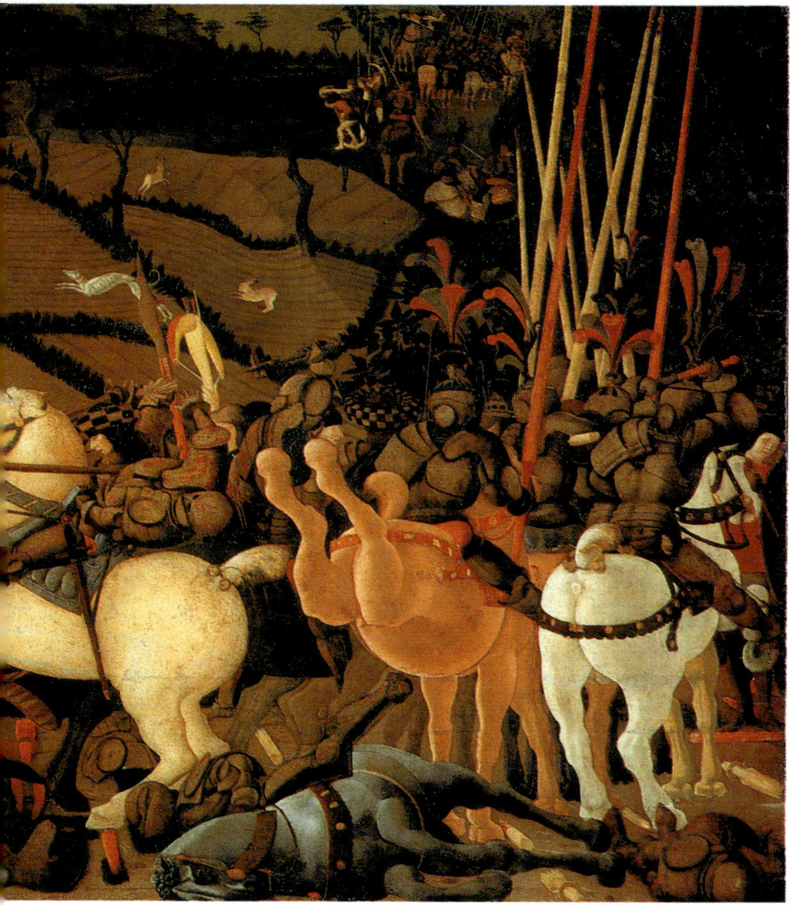

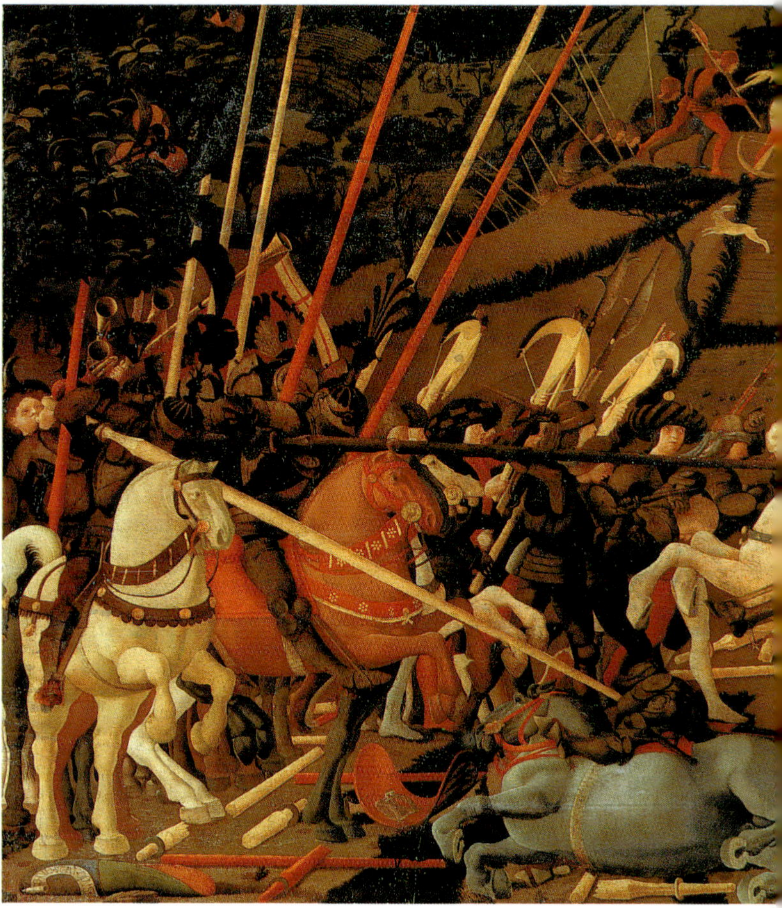

2

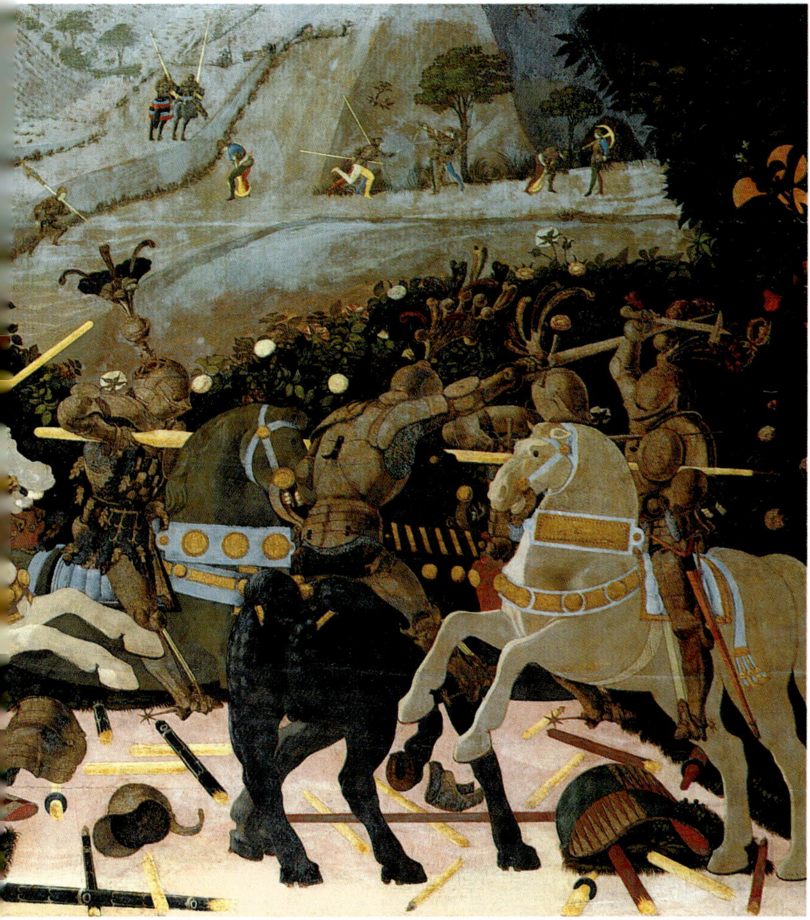

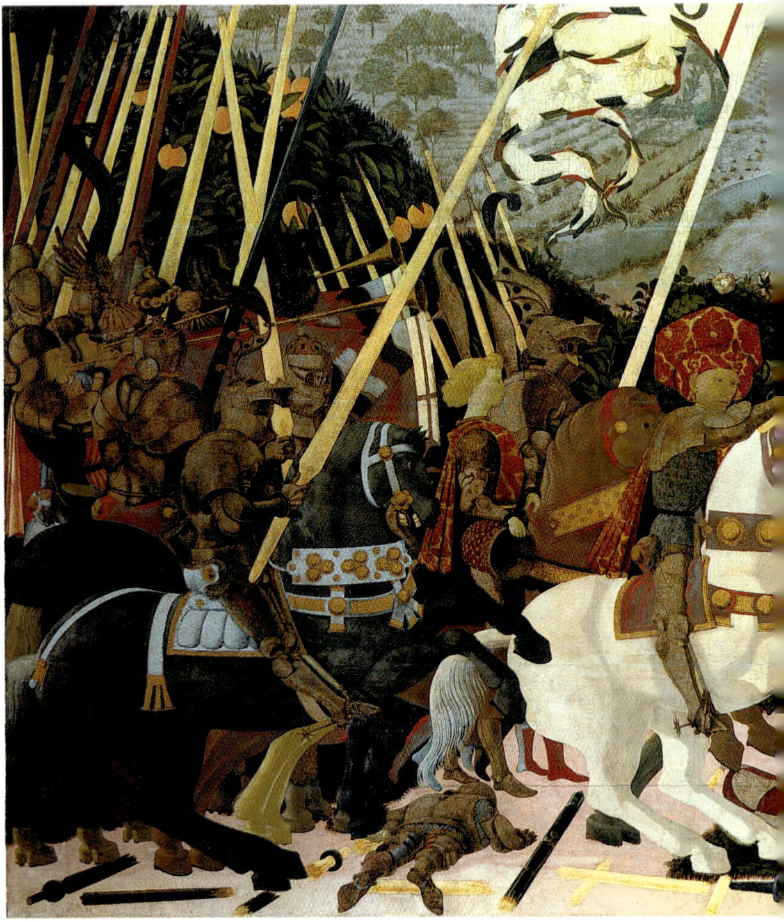

1

1. Paolo Uccello,
Die Schlacht von San Romano (um 1450), Tempera auf Holz, 318 x 182 cm, London, National Gallery

2. Paolo Uccello,
Die Schlacht von San Romano (um 1450/1455), Tempera auf Holz, 322 x 182 cm, Florenz, Uffizien

3. Paolo Uccello,
Die Schlacht von San Romano (um 1440), Tempera auf Holz, 316 x 180 cm, Paris, Musée du Louvre